明日も出勤する娘へ

ユ・インギョン

吉原育子 訳

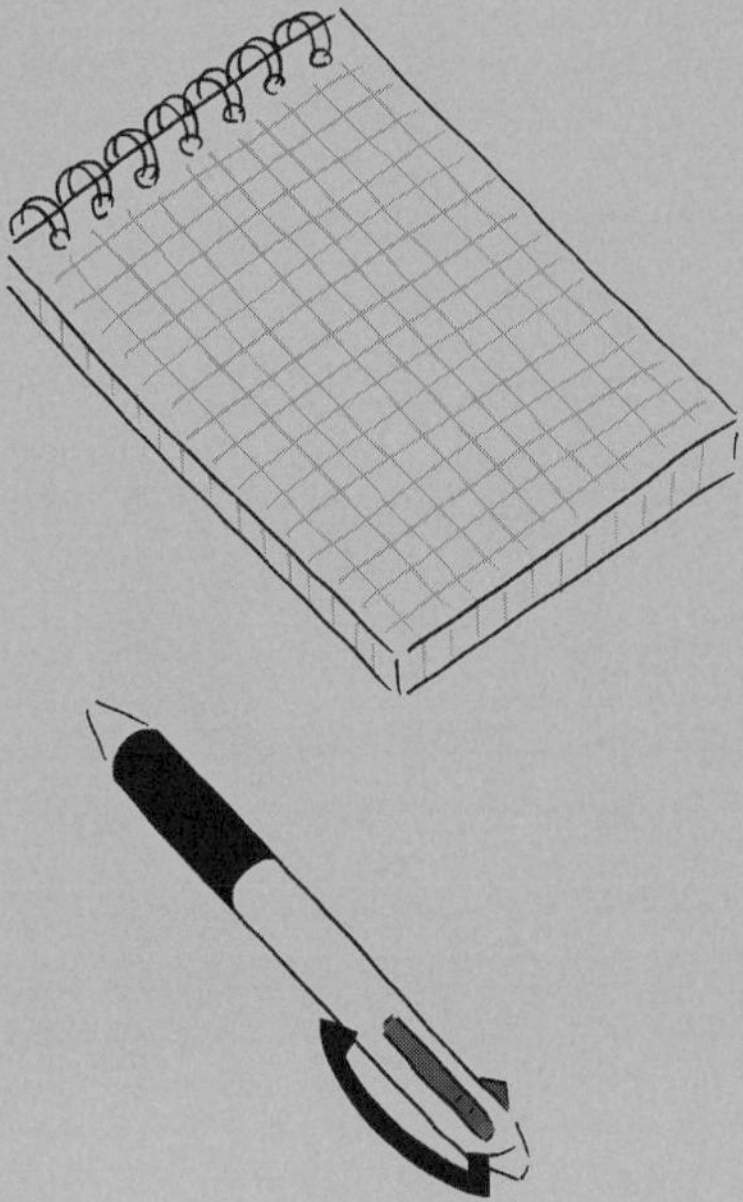

サンマーク出版

はじめに

一人でご飯を食べても、一人で働かないで

「私たちだって出世して成功したい。どうすれば、望む地位につけるのでしょう」
以前、働く若い女性たちの集まりでこんな言葉を聞いて、新鮮な衝撃を受けた。

職場では相変わらず、男性中心の会食や飲み会、あるいは喫煙ルームで重要な情報が交換され、二一世紀の最大の武器ともいえる「情報力」という点でも、女性は男性に大きな差をつけられている、というのが彼女たちの言い分だった。

二〇代後半の女性から「出世したい」という言葉を聞いた瞬間、私は妙な感情にとらわれた。というのも、毎年、人事異動の時期になってもただの一度も希望の配属先や昇進について問われることのなかった私たち世代に比べたら、驚くほどの進歩だからだ。

じつに堂々として正直な女性たちがうらやましい。だが、その一方で、はたして彼女たちは波風を立てずに無事出世して成功できるのかと思ってしまった。

二一世紀は女性の時代だと言われる。韓国では憲政史上初の女性大統領が誕生し、いたるところで「女性初の○○○」という言葉を耳にする。ときには男性が「逆差別だ」と言って悔しがる始末。

だが、はたしてそうだろうか？　世の中、完全な男女平等で、本当に女性たちが才能や情熱を認めてもらえているのだろうか。そうは思わない。いまだにガラスの天井が存在し、見えない壁はますます強固になったように見えるからだ。

一九八〇年代初めに社会人として一歩を踏み出した私は、まるで「鬼ババア」のように扱われながら女性の人権を主張してきた先輩たちのおかげで、ずいぶんと得をしてきた。女性ならではの不利益はたしかにあったものの、逆に、組織の中でまだ女性は珍しかったために、目立つことが多かった。

当時は男性たちも、女性社員はある程度働いたら辞めるとしか考えておらず、どこかゆったりと構えていた。女性社員はライバルではなく、単なる部下、あるいは消耗品程度に思っていたのだ。相手にしていないので、足をひっぱったりタックルをしかけたりもしてこなかった。

ところが今や女性も対等な同僚。ときには上司になることもある。すると大あわてした男性たちは、見えない天幕をどんどん張りめぐらせるようになった。

表向きは「女性の時代」とされる今のほうが、ともすると、働く女性たちにとっては危うい時代なのである。

三〇年の職場生活のノウハウが詰まったダイアリー

私は、三〇年以上会社に勤務してきた先輩として、また二〇代後半の娘をもつ母親として、有能で美しく体力もある「アルファガール〔あらゆる面で男性以上の能力を発揮し、リーダーシップを取る優秀な女性〕」たちはなぜ、会社に入ると「アルファレディ」に成長できないのかを考えてみた。

まず、女性は職場や組織社会の「ルール」をよくわかっていない。職場は競技場だ。サッカーでもバスケットボールでも、競技の目的は点を取って勝つことだ。ときには反則を犯したり、攻撃されて負傷したりしながら、最終的に得点の多いほうが勝者となる。

ところが女性は、サッカーのピッチに立っているのに「サッカーのルールがわからない」と躊躇《ちゅうちょ》したり、応援に回ろうとしたりする。

あるいはチームワークより個人技をひけらかそうとする。スポーツ競技ではチームメイトと呼吸を合わせ、監督のサインを見なければならないのに、多くの女性はひたすら自分の目の前にあるボールだけを追い、自分一人でシュートを決めようとする。

結局、チームメイトには不満を抱かれ、監督からは指示を守らないと怒られる。

一秒も休むことなくコート内を駆け回っているだけでは、優れた選手とは認めてもらえない。スタジアムに入る前にそのスポーツのルールを頭に叩き込み、試合がはじまればチームメイトにもチャンスを回し、監督のサインを守ってこそチームは勝利し、次回のメンバーにも選んでもらえるのだ。

また、女性は、あっさりとその場から退場しようとする。社内政治や職場での駆け引きをすこぶる否定的にとらえて仕事だけに没頭するので、すぐに息切れして、些細なことにも傷ついて逃げてしまう。

一方、男たちは、たとえ侮辱されて悔しく思っても、決して自分からは退場しない。自分に利益があると思う限り、耐えるのだ。

女性初の銀行頭取、女性初の委員長、女性初の将校といった人たちはもちろんもともと優秀な女性たちだったのだろうが、同じ場所でずっと耐え抜いてきたから栄光を手にしたのだ。

彼女たちよりずっと優れていても、途中であきらめた人にはその報いは与えられない。トップに立つには、その場所にどっしりとかまえてそこに居続けなければならない。

「女王コンプレックス」という問題もある。女性たちは真面目に仕事さえしていれば、組織から女王のティアラをかぶせてもらえるものと思い込んでいる。同僚や上司から、尊重されるよりかわいがられようとする。

だがティアラをかぶせてくれる人などいないし、社会が必要とするのは、組織をまとめる人材であって、愛を求める女王ではない。

娘よ、女王ではなく女神になりなさい

私は娘をはじめとする若い女性たちに、「女王」ではなく「女神」になってほしい。いつ追い出されるか、いつティアラを奪われるかと戦々恐々とする女王ではなく、時代を超越して、自分自身を真に愛する女神になってほしいのだ。自分の中に女神がいると信じ、その姿勢で仕事をすれば、出世や成功ではなく、真の意味での成功が待っているはずだ。

社会学者たちによると、「ホモハンドレッド（Homo Hundred）」、すなわち一〇〇年時代を生きる若い女性たちは、一生のあいだに平均七つ以上の、職場ではなく職業を経験するらしい。

だから一つの職場で早々に部長に昇進したり、同僚より年俸が多かったりすることはさほど重要ではない。三〇代初めに外資系企業の理事に抜擢されて、マスコミのスポットライトを一身に浴びたにもかかわらず、不正で落ちぶれてしまった女性、政界やマスコミでも敵知らずだったはずなのに、ちょっとしたことで失墜した女性もいる。

どんな職場で働こうと、どんな職業に就こうと、そこで自分の才能を発揮して、社

内の人たちとうまく付き合い、組織の勝利に貢献しながら自分も成長するには、女王のパワーよりも女神の堂々としたふるまいや自尊心が必要なのだ。瞬間的な勝利に酔いしれるより、一〇〇年経っても変わらない、自分を大切にする自尊心と他者を思いやる姿勢が真の女神をつくる。

私の娘をはじめ、娘というものは概して母親を愛してはいても、母親の言うことにはあまり耳を貸そうとしない。母親がどんなにためになるアドバイスをしてもうるさそうにするのに、芸能人の話には感動し、知り合いの年上女性のアドバイスにはうなずいている。

ありがたいことに、私の娘は、母親である私の話によく耳を傾けてくれた。それはおそらく私が母親だからというだけでなく、三〇年近く仕事をしてきた人生の先輩であり、模範的で近づきがたい立派な人間とはほど遠い、しょっちゅうミスをするごく普通の人間だったからだろう。母親の経験談や失敗談を聞きながら、あんなふうに生きてはまずい、と反面教師のように思ったのかもしれない。

私は、娘に聞かせたことを、今度は娘の友だちに伝えるためにこの本を書いた。自分の母親ではなく友だちの母親、あるいは母親の友だちの言葉だと思って、聞いてもらえたらうれしい。人生で山ほど壁にぶつかってきた先輩の話だと思って……。

ユ・インギョン

娘からの推薦の言葉

自分だけ聞くにはもったいない、母のあたたかいアドバイス

完璧な母親をもつとどうなるか？　人生で完璧な母親をもつという経験は幸福にも勝るすばらしいプレゼントだ。私の人生のあらゆる幸運は「完璧な母親」のおかげではじまっている。

母のおかげで、私は小学校五年まで、カレーというものはどれも三分間でできるレトルトカレーだと思っていたし、大学に入るまで、塾は自分で選んで通うものだと思っていた。そして、そういうことは私が思う「完璧な母親の条件」には含まれていなかった。母はキムチチゲすらまともにつくれないし、柔軟剤というものが存在することも知らなかったし、ちゃんとしたスキンケアの方法も教えてくれたことはない。

それでも、母は私にとってずっと最高の母親だった。この世でもっとも完璧な母親

だった。

母は誰よりも完璧な、私の話し相手だった。一日に何度も電話で話をし、家でも飽きることなく二人でしゃべり続けている。朝までおしゃべりして、そのまま母は会社に、私は学校や職場に直行することもあった。

会話の中身は、村上春樹から人気俳優のキム・スヒョンまで、地球温暖化から愛犬リズの服まで、じつにさまざま。芸能人のつまらない裏話はもちろんのこと、五五年間という人生の深みとともに応じてくれる人生相談まで、母を相手にするとつい何でもしゃべってしまう。

いつまでも元カレとの思い出をぐずぐず話したり、焦りでじたばたしている現実まで打ち明けたりする。友だちは母親になんてとても言えないといった話でも平気でして、叱られたり小言を言われたりするかわりに、理解し励ましてもらう。

私と母は、読んだばかりのエッセイについて語り合い、お笑い番組の流行り言葉を連発し、父の話し方をまねてみる。単純な言葉遊びで一日中過ごしたり、お気に入りの曲をかけながら食事をしたりすることもある。

この世で一番子どもっぽい、いや一番ユーモラスなうちの母は、私の完璧な話し相手だ。

しかも、母はこの世で一番優しいメンターである。悩みでにっちもさっちもいかないとき、私はまず母に話す。母は堅苦しい解決策を示したり命令したりするかわりに、それは、誰もが共感できる経験であり、誰もが通る道だと思わせてくれる。

私は一人っ子なのに、これまで一度もさみしいと思ったことも、つまらないと思ったこともない。私にとって母は、いつも優しく慰めてくれる姉であり、何事も応援をしてくれる双子の相棒であり、そのくせもっとも現実的にアドバイスをしてくれる人生の先輩でもある。

希望の大学に合格できずに落ち込み、通うことになる大学について不満をもらしていたとき、母は「じゃあ、なんでもっとがんばらなかったの」などとは言わずに、「その大学でいいことがたくさんあるといいわね」と言ってくれた。

二〇代半ば、勤めていた会社を辞めて、パリの大学院に行くと決めたときも、「ちっとも遅くなんてないわよ。年をとったら何を後悔するか想像してみて。不安がる必要はないわよ。留学から戻ったあとのことは、そのときになってから考えればいいんだから」と励ましてくれた。

いつも母は、私に「勉強ができる娘より、自分に満足して幸せに生きる娘になってほしい」と願ってくれていた。

私が多くのものを手に入れて、多くのことを成し遂げて人に認められるよりも、自ら楽しいと思うことを選びとり、困難を乗り越えていくことを望んだ。そんな母のあたたかさが伝わってくるたびに、言葉にできない愛情を感じたものだ。

望みがかなわなくて悲しいと大泣きしても、母はできなかったことを叱ったり、ただ同情したりといったことはせず、落ち込んで希望を失ってうずくまっていてはいけないと、立ち上がらせてくれた。

だから私は一生懸命に自分を愛して、一生懸命に周りの人に感謝しながら生きてこられたのかもしれない。当たり前すぎてなかなか気づけない愛を、毎日あふれるほど与えてくれた母にどれだけ感謝したらいいのだろう。

将来や日々の悩みを打ち明けたときに母に言われる言葉は、一人で聞くにはもったいないほど思いやりと知恵に満ちている。

だから、大切な友だちにどうしても聞かせてあげたかった。私の母だからではなく、ポジティブ思考で経験豊富な五〇代の女性の人生の知恵を共有したかったのだ。

「本当によかったことは何かって言うとね」が口癖の、信じられないくらいポジティブな母。八〇歳近い友人からスペインにいる二〇代の親戚まで、どんな人にも心からの愛情で接する。そんな母の経験や話を聞いてもらえたら、多くの人が希望と勇気を抱けるのではと思う。

もし彼女が母親ではなく、個人的に出会った女性だとしたら、きっと一番の親友になっていただろう。年が離れていたら、養母になってほしいと頼んだかもしれない。

海苔巻きの海苔は食べず、海鮮丼の刺身は残し、雑煮の餅を食べない私の母が、子どもみたいにふざける母が、私の母親でよかった。

そしてそんな母の本に、このような形でひとこと添えることができるのは、とても光栄で幸せである。

娘より

明日も出勤する娘へ　目次

第二章 火曜日 どうしてこんな目にあうの？

第三章　水曜日　そうするべきじゃなかったのに

第四章　木曜日　声を上げるときは堂々と

第五章 金曜日 一息ついていこう

第一章　月曜日

ああ、疲れる

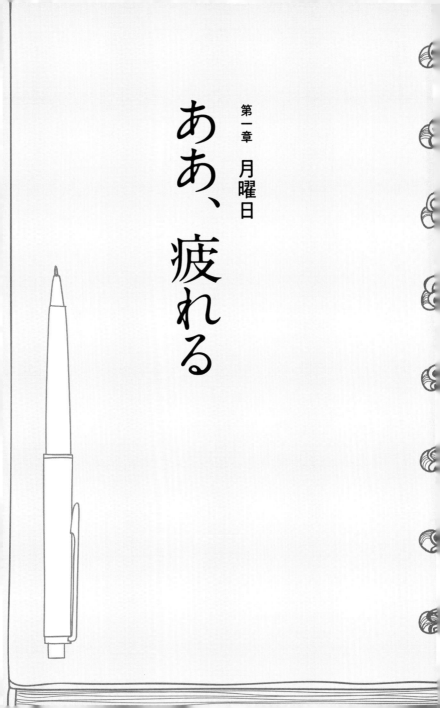

今日という日に慣れている人はいない

「ママ、最近すごくつらい。昨日なんか落ち込みすぎて大学のときの日記を読み返したら、そこにも『つらい、苦しい』って書いてあった。もう社会人だっていうのに、いつまでもつらいことばっかり。これじゃちっとも一人前になれない気がする」

ゆですぎたホウレン草みたいにしゅんとした顔で、娘がそう言ってきた。いろいろなことがあって、あまりうまくいかない日だったようだ。

五〇年以上生きてきて三〇年近く会社勤めをしている私が、大人としてしっかり励ましてあげたい。でも、私は正直に告白するしかない。

「私も毎日毎日、つらいのよ！」

この年になってもわからないことだらけで、ミスをしたり、上司に叱られたり、呆《あき》れた目で見られたり。いつも「しまった！」「どうしよう！」「なんてことしたんだろう」とぶつぶつ言いながらため息をついている。

若いころは、大人になれば、さすがに四〇を過ぎれば「不惑」の境地に達するものだと思っていた。どんな誘惑にも負けず、人生を完璧にコントロールしながら優雅に楽しく生きているだろう、と。

そして五〇を過ぎれば、天命を知る、つまり天に与えられた使命を知って、何があろうと冷静で賢くいられると思っていた。暗い道でも美しい街灯がともっていて、安心して歩いていけると信じていたのだ。

でもそうではなかった。年の数が増えたからといって、それだけ賢くなるわけでも大人になるわけでもなかった。少なくとも私はそうだ。

日常生活でも昨日のミスをまた今日も繰り返してしまう。数十年一緒にいる夫や友だち、同僚のことも、いまだにわからないことだらけで、毎日驚いたり傷ついたりしている。このままでは、やっと大人になれたと思ったころには、年老いてボケているかもしれないと恐ろしくなる。

でも、なんでも自分の都合のいいように受け止めることにかけては誰にも負けない私は、それは当たり前のことなのだと思うことにした。

何歳になろうが、今日という日は初めて生きる日なのだから、ぎこちないのもミスをするのも当然だ。


五五年間生きてきたとはいえ、「五五歳の自分」を生きるのは初めてだ。初めて開く本や初めて行く場所のように、馴染《なじ》みがなくてよくわからない。

だからちょっとしたことでも苦労するのは仕方がない。数年前には胆のうを摘出して「胆のうなし人間」になったし、髪も染めなければまるで白髪の魔女だし、最近では長時間パソコンに向かうと目がズキズキしだして、日々驚き、戸惑っている。

結婚二八年目、新婚当時は青年だった夫も今や還暦。還暦を迎えた夫と暮らしたことなどないのだから、いろいろ揉めるのも仕方がない。なにせ、前歯がぐらぐらして、お腹がぽっこり出て、お酒を飲みすぎて一晩中大声を出す夫と暮らすのは初めてなのだから。

娘だってそうだ。たった一人の娘だけれど、二〇代後半の娘を育てるのは初めてだ。小さいころは素直でかわいくて、よく娘の脇の下から手をさし入れて背中を触り「翼はどこにあるのかな」なんて言ってたものだが、娘は天使じゃなくて人間だということもだんだんわかってきた。

高校までは大学入試や健康の心配をしてあげればそれでよかったけれど、社会人になって海外でも暮らす娘は、喜びを与えてくれるだけではなく、ときに私を怒らせることすらある。私がスマートフォンの機能や最新機器を使いこなせなければ、呆れたような目でこちらを見るし、まだ二〇代なのに、私の前で「なんか老けてきちゃった」と美容皮膚科に行きたがるのだからびっくりだ。

職場でも同じこと。課長代理、課長、次長、部長、局長と、どんなに立場が上になっても、そのたびに新たな問題が起こり、環境や勢力図も変わるので日々勉強するしかない。仕事の内容がさほど変わらなかったとしても、後輩や上司が代わり、オフィスのデスクも変わる以上、同じ日は一日としてないのだ。

もし「三〇歳の自分」に戻れるのなら、もう一度同じ映画を観るみたいなもので、ストーリーがあらかじめわかっているから、とんでもないミスを犯したり、些細なことで頭を悩ませたりすることはないかもしれない。

でも、本当にそうなのだろうか？　一度読んだ本も二度目は違う感想をもつもの。映画も二度観ると、こんなシーンがあったかしらと思うことがある。それと同じだ。

そう考えると、「大人になったのに生きるのがつらい、一人前になれない」と自分を責めることなどない。昨日のミスをまた繰り返したら反省するべきだが、次々と出てくる新たな課題をうまく処理できないからと自分を非難する必要などどこにもない。「なんでこうなの？」「私ってほんとバカみたい」などと自分を責めたり叱ったり、自分に呆れたりしないで「まあ、いいか、だってこういうことは初めてだし、今日を生きるのも初めてなんだから」と開き直ればいい。ときには自分を甘やかす図々しさも必要なのだ。

自分が自分自身を守り励ましてあげなければ、誰も自分のことを守ってなどくれないのだから。人間はもともと不完全な存在で、初めて経験する日を毎日迎える以上、不慣れなのは当然だ。

これから私はさらに年をとり、娘は結婚して子どもを産むかもしれない。おばあちゃんになった私は初めての孫育てでいろいろ失敗するだろうけれど、そのときは責めないでほしい。なにせ、おばあちゃんとして生きるのは初めてなのだから。

七〇を過ぎた詩人、馬鍾基《マ・ジョンギ》の「慣れていない」という詩の一部を紹介しよう。

そうなのだ　私はまだ
この世の中を生きることに
慣れていない

どんな生き方が　貧しいのか
思いやりのある人生とは　どういうものなのか
どちらもよくわからない

この世に別れを告げて　土に還《かえ》ってはじめて
世の中のすべてが　はっきりと見え
笑ってあきらめることも　できるようになるのだろうか

「孤独」と仲良くする方法

「ママ、とってもさみしい。今日は誰ともひとことも話さなかった。昨日はパン屋で『バゲットを一本ください』って言っただけ。道でやたらと誰かに話しかけるわけにもいかないし……」

パリで一人暮らしをしながら大学院に通う娘は、幸せそうなパリジェンヌを見ると胸が苦しくなる、慣れない土地でさみしいと電話をかけてくる。現地時間で深夜二時、三時のことが多い。近所ならすぐに駆けつけられるが、パリではそうはいかない。周りに友だちでも大勢いれば、遊びに行ってきなさいと言うだろうけど、それもできず、私まで胸が締めつけられるようだ。

でも、そういう寂しさは、無理に払いのけたり、反対に深刻に受け止めすぎたりしないことだ。仲間外れとか引きこもりといった類いの寂しさではないのだから、慣れない海外での一人暮らしのせい、それも一時的な感情にすぎない。それなら、単なる訪問客とか友だちのように考えてみたらどうだろう。

娘は一人っ子で両親ともに忙しく、一人で過ごす時間が多かった。特に母親の私が朝のテレビ番組の司会を担当し、父親が海外に長期滞在していたときは、一人で起きて朝食を食べて学校に行くこともよくあった。それでも、落ち込んだり内にこもったりもせずに、明るく健康に育ってくれた（と信じたい）。

そして日記を書いたり、散歩したり、ネットサーフィンをしたりして一人でもじつによく遊ぶ。想像力が豊かで、文章が上手だと褒められることも多いが、それはすべて、寂しさに耐えてきたおかげじゃないだろうか。

「さみしい」という感情は人間誰もが抱くもの。絶対的な孤独の時間をどううまく過ごすかによって、人生の質も変わってくる。

孤独の瞬間には、ようやく自分自身と向き合うことができ、それまで他人に気を使い、他人の目ばかり気にしてきた分、きちんと見ていなかった本当の自分に出会うこともある。孤独を振り払って立ち上がり、本を読んだり日記をつけたり、音楽を聴いたりして、しばらく寂しさから目を逸らすこともできる。

ユーモラスで感動的な、エリザベス・ギルバートの『食べて、祈って、恋をして』(武田ランダムハウスジャパン)という本にこんな一節がある。

「孤独でいなさい。孤独を詳しく調べて、孤独の地図を描きなさい。そして孤独と親しむの。人生で一度くらいは、人として大切なこの経験を喜んで受け入れなさい。もう二度と、他人の肉体や感情を自分の満たされない思いの爪研ぎ柱として用いるようなことはしないで……」(日本語版より引用)

私は「孤独に親しむ」という言葉が好きだ。招かれざる客だと追い出したり、恐ろしい相手だと避けたりするよりは、自分を孤独のままにしておくほうがいい。さみしいということを認めながらも、逆に数多くのやっかいな視線や干渉から逃れられていることに感謝すべきだ。

人間は、一人になって正面から孤独と向き合ったとき、もっとも正直になれるのではないだろうか。うわべだけ繕う自分や憎らしい自分じゃなく、弱いけれど愛すべき自分。これまでよく耐え抜いて生きてきた健気な自分を褒められるのも、そんな孤独な時間が与えてくれる恵みではないだろうか。

私も、外に出れば一日に何十人もの人に会い、家に戻れば家族や大好きな愛犬が出迎えてくれるというのに、しょっちゅう孤独を感じている。

食事やお茶に誘ってくれる人は多いので、ふだんはそういった約束で忙しい。でも、本当にさみしいときに電話をかけて気持ちを打ち明けたり、慰めてもらえたりする相手はそうはいない。中年のオバさん、それも多忙で知られる人から、いきなり電話がかかってきて「さみしいのよ。お茶しない？」なんて言われたら、すぐさま駆けつけてくれるどころか、引かれてしまうだろう。

知り合いの女性は専門分野でバリバリ働いているが、さみしい時間をずいぶんと賢くやり過ごしている。

さみしくなると、マイカーの中で音楽を聴いたり本を読んだり、大声で誰かの悪口を言ったり、ときにはわんわん泣いたりもするという。人間関係でつらいときは、車の中で自分を励まし、さみしい時間を一人楽しむこともあるらしい。

「一人で運転しながら『今度そんなマネしたら、タダじゃすまないからね！』って、憎い相手にひどいことも言うし、『よくやってるわよ。あともう少しだけがんばって！』って自分を褒めてあげることもある。感情がこみあげてきて涙が出れば、誰も見てないから思い切り泣くの。涙も鼻水も一緒くたにして、母親の前で子どもが泣くみたいに泣きじゃくれば、体も心もスッキリして元気が出るのよ」

ところがさみしいからとお酒を飲んだり、慰めてもらおうと誰かに頼ったりしはじめると、大人になりきれないまま年だけとってしまう。

また、孤独によって感性も理性も鈍くなっているときに誰かと付き合いはじめると、決まって後悔する。恋人と別れ、寂しさのあまり、目の前のやっかいな異性と付き合った挙句に余計に苦しむことも多い。一途に想っていた相手を忘れようと、つまらない一夜限りの関係で、結局は自分が傷ついたという若い女性の話も聞いた。あのとき自分はどうかしていた、と。

特に女性は、一人でお茶や食事をしたがらない人が多い。慣れていないからではなく、社会性や人間関係に問題があると思われそうだからだ。会社を出ても家に帰りたがらず、なんとかして誰かと予定を入れようとする人がいかに多いか。

もちろん人付き合いが多いのはいいことだし、くだらないおしゃべりにも得るものは多い。ただし、単に一人でいたくないからという理由で誰かに会うのは考えもの。優れた芸術作品は、愛する人がそばにいる幸せ、あるいは華やかなパーティーの後の楽しい気分から生まれるわけではない。死にそうなほどの切ない孤独感が細胞の一つ一つにまで刻まれたとき、詩や曲や絵が生まれるのだろう。

科学者も同じだ。人々が遊びに出かけてしまった後で、あるいはみんなが寝静まったときに、研究室で孤独と向き合いながら偉大な発見や発明をしているのだ。

哲学者パスカルが『パンセ』で述べているように、人間の不幸は一つの部屋に落ち着いてじっとしていられないことからやってくるという。

娘にも、孤独の中で他人ではなく自分自身に出会い、自分を発見する時間をたくさんもってほしいと思う。

訪れた孤独は、自分を成長させるためにやってきたありがたい友人だと思えばいい。人生について、友だちについて、より深く考えさせてくれ、より感謝できるよう刺激してくれる。そういった孤独を手放さず、そのまま味わってみてほしい。

娘よ、あなたもいつか年をとり、夫や子どもに囲まれてあれこれ頼まれるとき、パリでのその孤独な夜をなつかしく思うことだろう。

苦しみも孤独も、避けられない以上は楽しむべきなのだ。

人生はそもそも不公平

ひねくれることなく幸せ指数が高い人間として生きていくために、頭と心に刻んでおいてほしい言葉がある。「人生は不公平」という言葉だ。

韓国は民主主義国家、平等国家だと言われる。でもその平等は、すべての人が等しく幸せとチャンスをもちあわせているという意味ではない。平等国家《ピョンドゥンクッカ》というのは間違っていない。ひたすらマンションの「坪《ピョン》」数（財産）と学校の「等《ドゥン》」数（成績）によって人が評価される国、という意味においては。

天や親を恨んで鬱々《うつうつ》として生きたくないのならば、「人生は不公平」という不変の真理を淡々と受け入れなくてはならない。人は平等・公平で、世の中は公正だというのは単に耳ざわりのいい言葉にすぎない。

不公平な人生を謙虚に受け止め、幸せはオプションにすぎず、不幸が基本なのだと受け入れることで真の成長と心の平和が訪れる。

ストレスコンサルタントで心理療法士のリチャード・カールソンはこう述べている。

「『人生は公正だ』という考えが、自分を不幸にする。今この瞬間も数多くの命が誕生しているが、ある人は生涯年金が保障されているスウェーデンに、ある人は誕生してすぐに風土病や飢餓で死ぬかもしれないソマリアに生まれる。だからといってスウェーデンの年金をソマリアに公平に分けることはできないのだ」


国籍だけではない。同じ韓国に生まれても、ある人は目を開けたら財閥の家を相続する娘で、ある人は極貧で病院代も出せない。優れた遺伝子を親から受け継いだ、高い知能に明るい性格、体格まで立派な人もいれば、頭が大きくて短足、親からはあちこちガンの遺伝因子ばかり受け継いだ人もいる。人生が公平だなんて大嘘なのだ。

生まれたときだけでない。成長の過程も公平とはいえない。いい友人やすばらしい先生に恵まれて早くから才能を認められる人もいれば、周囲の環境が劣悪すぎて、どんなに努力してまっすぐに生きようとしても、波乱ずくめの人も多い。くじ引きにもしょっちゅう当たる人がいれば、毎回ハズレの人もいる。

だから、なぜこんな親なのか、なぜ自分は母親に似て注意散漫なんだろう、なぜ父親は稼ぎが悪くて、お金の心配ばかりさせるんだろう、どうして自分は何もできないんだろうと親や自分を責めて人生を無駄にしてはいけない。それでは、ますます自分を不幸にするだけだからだ。

人生とは、スタートラインからみんながいっせいに走り出す一〇〇メートル走ではない。延々と続くリレー走だ。先の走者（親）のバトンタッチが遅くなって、他の選手に比べて出遅れることもある。

それでも自分がどんなスピードでどれだけ走るかによって逆転のチャンスがあるリレーのように、人生もまた与えられた遺伝子や生まれついた環境に関係なく、自分の努力で土壇場での逆転もありうる。だから、奥深い。

つまりレースの種目は選べなくても、どれだけ一生懸命に生きるかはすべて自分にかかっている。

世界的企業パナソニックの創業者、松下幸之助は、人生の不公平を淡々と認めてそのコンプレックスを原動力に成功を収め、九四歳まで長生きして日本の経営の神様として尊敬されてきた。成功の秘訣を聞かれた彼は、こう明かしたという。
「家が貧しかったので、必死で稼ぐことを考えた。小学校も四年しか通っていない。だから勉強して、たくさん学んだ人たちからはつねに謙虚に学ぼうと努力してきた。子どものころから病弱だったせいもあって、いつも周りの人に世話してもらってきたので。仕事でも、一人で全部やろうとはせずに、実力のある専門家に振ってやってもらう」

酒乱で暴力をふるう同じ父のもとで育った兄弟でも、「見て学んだことがすべてだ」とばかりに父のまねをする子どももいれば、「絶対に父のようなめちゃくちゃな生き方はしない」と懸命に勉強して人生を切り開く子どももいる。

ビル・クリントンは暴力的な養父のもとで育ったが、父を憎んだり家出したりすることもなく、養父に愛されようと努力した。その結果、会う人を魅了するような性格になり、米大統領にまでのぼりつめた。ただし、その魅力が度を過ぎてしまい、浮気者になってしまったのだけれど。

不思議なことに、そんなふうに不公平な社会に、自分の力で打ち勝ち、何かを変えようと努力する人が最終的に勝利している。

「MARY KAY」という化粧品会社の創業者、メアリー・ケイは、子育てしながらこつこつとまじめに働き、セールスで優秀な成績を収めたにもかかわらず、毎回、男性たちに栄光を奪われ、昇進もできなかった。だがそんな不合理な組織やシステムを恨むのではなく、「女性たちがもっとも働きやすい職場、子育てしながら、無理なく働ける職場、能力と実績で認められる職場を自分でつくろう」と会社を立ち上げた。

彼女の会社では、たとえ転勤しても同じ業務を任せてもらえる。在宅勤務も可能で、もっとも優れた業績を挙げた者には、ピンク色の高級車とダイヤモンドの指輪が贈られ、プライドを高めることができた。

メアリー・ケイはこの世を去ったが、会社は存続し、数十万人の女性たちが彼女のおかげで仕事と家庭を両立しながら成功の喜びを味わっている。

ひょっとすると、「不公平」こそが、私たちを奮起させる最大の原動力なのかもしれない。不公平な人生を自分の力で逆転させる痛快さ、それをぜひ味わってほしい。

スマートに「辞表」を提出するには

最近、娘の友だちにも「辞表」を書く人が多いとか。まだ辞表を書いてはいないものの、書きたくてたまらないという人はもっと多いだろう。

一度も辞表を出そうと思ったことがない人などいるだろうか。定年を目前にしても、私は心の中でたびたび辞表を書いている。今さら辞表を出したところで、会社からは引き留められるどころか「いまさらですか？　どうも」と簡単に受理されそうだが。

組織で働いていると、やりきれない瞬間も多く、そのたびに「こんな会社、辞めてやる」とカッとなって辞表を書きはじめる。だが、そのあとどうするのかと考えるとこれといった妙案もなく、結局、気持ちがなえて破り捨てる。それの繰り返しだ。

どんなに働く環境に恵まれていても、高い年俸をもらっていて同僚と気が合ったとしても、ふと「これは自分にとって天職なんだろうか」と迷い、辞表を書きたくなる瞬間があるだろう。

特に多くの女性は、心の片隅に、いつも辞表を抱えているような気がする。依然として男性より職場で不利益をこうむることがあって、非合理的な状況に置かれることが多いし、辞表を出しても、結婚さえすればそれですむとか、既婚者ならば家のことだけやればいいと思い込んでいるからだ。

私の年代は、最初の職場に骨を埋めるべきだと考えていた。こっぴどいいじめやいざこざがあっても、辞表を叩きつけることはせず、タイタニック号のように会社が沈没しても運命をともにするのが当たり前だと思っていた。定年まで勤めあげることが最大の美徳だったのだ。

でも今の時代、辞表を書くと義理を欠くことになるとか組織を裏切ることになるなどということは決してない。それどころか、会社側から社員の自主的な退職を勧められることもある。

外資系でキャリアウーマンとして活躍していたが、退職して旅行家になり、人道支援活動を行うようになったハン・ビヤ氏や、フライトアテンダントを辞めて国内最高のヘッドハンティング会社の代表を務めるユ・スンシン氏などを見ていると、私も、退職を控えたこの年齢になってもやはり辞表を出したい誘惑にかられる。会社勤めを辞めて海外の自然の中で悠々自適に暮らす人たちを見たときにも、俗世を離れたくなる。

韓国でもっとも優れた放送人の一人、イ・グムヒ氏は、安定した職場で最高の職業でもあるKBSのアナウンサーを辞めた。

韓国人女性がもっとも憧れる職業と安定した収入と国営放送の幹部という地位を捨てた理由を尋ねると、彼女は、「放送はとても魅力的で大好きな仕事だけど、アナウンサー室の幹部として、後輩たちに番組を割り振る仕事をうまくやる自信がなかった」と言った。

結局、彼女は放送局を離れてフリーランス宣言をし、今でも売れっ子だ。収入は何倍にも増えた。私が、フリーランスはうらやましいけれど、仕事が不定期なのが不安だと話すと、こんな答えが返ってきた。

「最初は一人で海に浮かんでいるみたいに暗澹《あんたん》としてた。幸い、アナウンサー時代に担当していた番組はそのまま引き継ぐことができたけど、放送が終わっても自分のデスクがないのよね。車内で一人でキムパプ〔韓国の海苔巻き〕を食べたりしなきゃならないし、先のこともわからないし……。でも一日中会社に縛られて気を使うより、ずっと自由で楽しいし、自分に正直になれる。その分、テレビの仕事はさらに一生懸命やるようになったし。仕事に対する確固たる情熱さえあれば、なんでもできるものよ」

大企業で活躍していたある女性も最近、会社を辞めた。幹部職を打診され、他社からもヘッドハンティングされたが、辞表を出して専業主婦になった。

「名刺を差し出せばうらやましがられて、仕事も自分に向いていました。でも海外出張が多すぎて、残業もしょっちゅうあるし、家庭との両立は無理でした。子どもは多動性障害で注意散漫だと言われ、家政婦任せの家の中は雑然としていて、時間があればとにかく眠りたかった……。

もちろん必死で働けば昇進は保証されていました。でもそれは私が望む人生では決してなかったんです。結局、自分の健康や家族のことを考えて仕事を辞めました。そのほうがのちのち後悔しないと思ったから。しばらくは主婦をやりながらほかの道を探すつもりです。今はとても満足しています」

もちろん、誰もがこの女性のように仕事を辞めたことで平穏を見出したり、イ・グムヒ氏のように組織を離れて成功したりするとは限らない。

だからといって、我慢して会社に居続けるのが得策とはいえない。会社は、効率を重視する利益集団である以上、人員が余れば社員を追い出しにかかるからだ。

就活サイトの〈ジョブコリア〉が、男女一二三〇人の会社員を対象に「職場で肩たたきされていると感じるとき」について調査した結果、上司が仕事に関する指示を何度も変更したり、進行中の業務を突然中止されて「雑用」を命じられたりするときが二四・三パーセントでもっとも多かった。

次にわずかな差で、日常的に暴言を吐かれたり陰で悪口を言われたりしたとき、さばききれない量の仕事を押しつけられたとき、重要なプロジェクトから何度も外されたとき、重役たちの前で恥をかかされたとき、自分だけランチや飲み会に誘われずにのけ者にされたときなどの順だった。

同じ人たちを対象に、職場で「辞表を出したくなる要因」についても質問した結果、「社内での自分の将来が見えなくなったときに、辞表を書きたくなる」という答えがもっとも多かった。

次に自分の能力を軽視されたとき、給料があまりに低いと感じたとき、上司に何度も口出しされたり小言を言われたりしたとき、いくら残業しても仕事が終わらないとき、毎日の仕事があまりに退屈なとき、同期入社の人が自分より出世したとき、通勤地獄の中にいるときなどの順だ。

こうして見ると、会社で「自分の価値が尊重されるかどうか」がもっとも重要のようだ。あなたも共感するだろうか。

まずは、辞表を出す前に「やるべきこと」をチェックしてみよう。

辞表を出す前には、退職後の準備ができていないといけない。ある程度、次の勤め先の目星をつけてから辞表を出すべきだ。今の会社を辞めてある程度休んでから次の職場を探そうという考えは捨てること。いったん会社を辞めることを決心したなら、次に何をするかも具体的にしておかなければならない。

二つめ、自分に対する評価はきちんと把握しておかなくてはならない。辞表を書いて退職するにしても、最後を「有終の美」で飾ることが大切。以前の職場に問い合わせて仕事ぶりや人柄、評判を確認する会社も多いからだ。

三つめ、自分の経歴を確認してみよう。同じ分野で最低三年以上の経歴を積まないと、有利な条件での転職は難しい。中途半端なキャリアでは認められにくいからだ。

四つめ、退職金の有無と受け取り方法を確認しておこう。一年以上勤務すれば退職金を受け取ることができる。つまり、今の会社での経歴がまもなく一年になる場合には、もう少しだけ続けて退職金をもらうべきである。何月に辞めるかによっても違ってくることがあるので、退職金制度については前もって調べておこう。

五つめ、最後の最後まで退職について周囲にもらさないこと。退職することを自ら広める人は軽率そのものだ。転職が決まっていないのであればなおのこと。もしも転職に失敗すれば、何も考えていない人だと思われるだけだ。あくまでこっそり準備しよう。

人生は長い。これからの時代は多くの人が一〇〇歳まで生きるだろう。そのことを考えたとき、会社が合わず、ビジョンもないのに無理して一つの職場にこだわる理由はない。

ただ冷静に考えてみれば、辞表を出したくなるときというのは、組織や同僚ではなく自分に原因があることが多い。自分のやる気のなさや劣等感や粘りのなさを周りのせいにしていないか、きちんと判断することだ。

辞表には決して恨みごとや呪いのような言葉を書いてはいけない。より高く、より美しくジャンプして飛び立つための「自由への鍵」でなくてはならない。そのためには、自分自身をどこからでもお呼びがかかるようなステキな作品に仕立てあげなくてはならない。それができないなら、たとえ卑屈に見えたとしても、長く細く会社に居続けられるような低姿勢を身につけるしかないだろう。

どんなふうに一日を過ごしている？

外資系企業の女性社員向けに講演をしたことがある。終了後、「どうやって家庭と仕事を両立して、ふだんはどう時間を管理しているか」という質問が殺到した。アルファガールと呼ばれる、賢く堂々とした新世代の女性たちにとっても、「家庭と仕事の両立」や「時間管理」が最大の悩みのようだ。

誰にでも一日は二四時間しかない。一歳の赤ちゃんにも、九〇歳の高齢者にも、一日は公平に二四時間。でもその二四時間、一四四〇分をどう使うかによって、さまざまな一日になり、人生の質も違ってくる。

同じ大学生でも、単位をしっかり取り、ボランティアもして、資格取得に励み、公募展にも挑戦して、アルバイトでお金を稼ぐ学生もいる。一方で、勉強はいい加減、いつもぶらぶらしながらあれこれ手をつけてみるものの最後まで続かず、人のせいにばかりする学生もいる。

社会人でも同じことだ。ある人は働きながら勉強も続けて学位を取得したり、サークル活動にもまじめに参加し、さらにブログやフェイスブックで自分の世界を紹介したりもする。逆に、仕事もさぼりがちで、いつも不平を言いながら、転職しようか、専攻を変えて大学に入り直そうか思い悩んでばかりいる人や、余裕のない家庭環境や冴えない学歴のせいにして、自分は恵まれていないと文句ばかり言う人もいる。

時間がたつのも忘れ楽しくて仕方がなく、その一日が過ぎるのを惜しむ日があったり、一分が一時間のごとく退屈に感じられて、むなしく過ごして自分を責める日もあったりするだろう。同じ一日でも、どうやってその一日をうめていくかによって違うはずだ。


数年前、ハーバード大学で「あなたの人生は成功か？」というアンケートを行った。この質問に対しては、わずか三パーセントだけが「自分の人生にとても満足している」と答えた。

そう答えた人には注目すべき共通点があった。全員が「具体的な目標を立てて、メモをとり、それをもとに行動する習慣」があったという。

人生に満足している人の多くが時間管理に長けていて、仕事でも何かを成し遂げた人たちだった。彼らは、時間にコントロールされるのでなく、時間を自由自在に活用しているのだ。

時間を効率的に管理するのにもっとも重要なのは「心構え」だ。時間は、科学的には正確に測れるが、その時間をどう活用してどう受け止めるかによって、まったく異なる価値に変化する。時間をどう扱ってどう管理するかによって、とてつもなく長く感じたり、反対にとてつもなく短く感じたりする。同じ時間内に何ができるかも千差万別である。

同じ課題を同じ時間内にやるよう指示したときに、「時間が足りない」と否定的に考えるかわりに「これだけあれば十分やれる」「あわてない」などと肯定的な自己暗示をかけるほうがずっと効果的だという。時間がないと思うだけであせって不安になり、きちんとできなくなる。

さらに、今日やることをメモして、計画表に沿ってこなしていくのも重要だ。スティーブン・R・コヴィーは「重要な仕事から優先順位をつけて手をつけるように」と説いたが、重要度を判断しにくいときは、締め切り順に一つずつ片付けていけばいい。

娘からはいつも、あれこれやりすぎて一日があわただしいと言われるが、それでも私が無事に（？）生きているのは、それなりの時間管理の方法を身につけているからだろう。

私の場合、新聞社の仕事以外にも、テレビ出演やインタビュー取材などがあり、加えてイベントに参加したり、家族の集まりや友だちとの約束はもちろんのこと個人的にやらなければならないことも多く、一日に六つや七つ予定が入っていることもある。

最初のころは、Aさんにインタビューしながらも、次に会うBさんとのアポに遅れないだろうかと心配になり、Aさんを目の前にしながらも頭ではBさんのことを考えて集中できず、予定時刻を過ぎると、とにかくあせって不安になった。私の目が落ち着かなくなっていくのに気づいたAさんは当然気分を悪くした。

でも今では、Aさんに会うときはAさんが地球上で一番すばらしい人で、この人との時間がもっとも大切であるかのように相手に集中する。どうしてもBさんとの約束に遅れる場合も、ばたばたしないで電話を入れて遅れることを了承してもらうなり、アポを延期してもらうなりすればいい。

一つのことに集中してベストを尽くすことで、他の仕事への不安やストレスは消えて効率もずっと上がった。また本当に重要なアポがあるのに、その前の仕事が長引きそうなときには、それを中断してでも次のアポに駆けつけるべきだろう。


以前は、ぎっしりと埋まったスケジュール帳を見るだけでも胸が苦しくなることが多かったが、今はただ学校で時間割に沿って教室に向かうように、決められた順番で一つずつこなして、クリアしていく。その日のスケジュールを無事に終えれば、たとえ体は疲れても充実感がある。

それと、私は運転ができないからタクシーや地下鉄といった公共交通手段を利用するのだが、車内ではたいてい本を読んでいる。人との約束で待たされたときにも、読書をすれば待ち時間がまったく苦にならず、相手が遅れてきてもイライラしないので、いい性格だと褒められ、一挙両得だ。

よく見ると、時間の管理が上手な人は、そのときどきに没頭したり集中力があったりするということ以外に、「すきま時間」をうまく活用している。

広告代理店の代表を務めるある女性は、多忙で付き合いも多いのに、いつも余裕しゃくしゃくで楽しそうにしている。その秘訣を尋ねると、こんな答えが返ってきた。

「エレベーターに乗ったり、階段を上ったりするときには、好きな歌を口ずさみながら歌詞を覚えたり、誰かのために祈ったりするんです。五分ほど時間が空けば、子どもたちや友だちにショートメールを送ります。三〇分ほど空けば、お気に入りのサイトやファッション雑誌を見ます。流行に乗り遅れていると言われないようにトレンドを知るためにね。一時間の余裕ができたら、書店に行って本を買うし、二時間以上空いたら、映画を観たりネイルケアをします。急にアポがキャンセルされて日程が変わったときは、約束をすっぽかされたと怒ったり、空いた時間にぼうっとしているよりは、自分に楽しい時間をプレゼントするんです。そうすれば、どんなに長時間、大変な仕事をやっても疲れません」

「田舎のお医者さん」として有名なパク・キョンチョル氏は、テレビの司会、株価分析、講演、著述などで一日四八時間のように過ごすことがあっても、まったく疲れを感じないという。秘訣を尋ねたら、こう話してくれた。

「時間を直線で考えるのでなく、アコーディオンのように伸ばしたり縮めたりして使うんです。ぼんやりしている時間もありますが、すきま時間をうまく活用して遊んだあとは驚くほど仕事に集中できるので、あれこれできるんだと思います」

ある人にとっては、時間は「竹でできた直線」だが、パク・キョンチョル氏にとっては、「自分の意思で自由自在に伸ばしたり縮めたりできるアコーディオン」というわけだ。

私たちはよく、きちんと仕事をこなせなかったり約束を守れなかったりすると、「時間がなくて……」と言い訳する。でも、生きている人は誰しも同じ時間が与えられているのだ。その時間を自分のものにして、時間を上手に料理し、時間の奴隷ではなく時間の主《あるじ》になることだ。すべては私たちの決心にかかっている。

いい一日が過ごせれば、夜は充実感に満たされて休むことができるし、そんな一日一日が集まって人生はつくられていく。

充実した一日を過ごせる人は、死を前にしても満足そうにほほえむことができる。すばらしい贈り物である一日を、空《むな》しく過ごしてしまわないように。

一日三時間だけでも集中する

「誰の人生においても、二つのことだけは公平だといえます。生まれることと死ぬことの二つです。ある哲学者が『人生は〈原因の哲学〉でもなければ、〈結果の哲学〉でもない。〈経過の哲学〉だ』と言っていますが、その経過の中には才能ではなく努力が詰まっているのです。私は、最善を尽くすことで人生を思い通りにつくっていけるという信念で生きてきました。だから自分の人生はすばらしいのです」

大河小説の作家である趙廷来《チョ・ジョンネ》氏の、あるインタビューでの言葉だ。

彼は一九八三年、原稿用紙一万六五〇〇枚分にもなる『太白山脈』（ホーム社）を文芸誌『現代文学』で連載開始、六年後に完結させた。再び一九九〇年に大河小説『アリラン』（末邦訳）の連載を開始、一九九五年に二万枚の執筆を完了し、続いて一九九八年からは新たに十巻からなる『漢江』（未邦訳）の執筆に入り、二〇〇二年に終えたという。

二〇一三年に刊行した『ジャングル万里』（未邦訳）も全三巻の長編小説だ。趙廷来氏は、始業や終業時間が決められた会社員でもないのに、四五年間一日も休まず、毎日八時間ずつ原稿用紙三〇枚分の小説を書き続け、その生活を「すばらしき執筆地獄」と表現している。

私がもっとも尊敬して憧れる作家、塩野七生氏は一五年間、毎年一冊ずつ『ローマ人の物語』（新潮社）を書いてきた。一五巻の『ローマ世界の終焉』まで原稿用紙で二万一〇〇〇枚分だ。

若い二〇代でスタートしたのではなく、五〇代半ばから書きはじめ、七〇歳手前で完成させたのだから、なおさらすごい。

世の中や周りに不平を言いながら老いていく高齢女性が多い中で、彼女は西洋版の三国志に匹敵する『ローマ人の物語』だけでなく、小説やエッセイなど数多くの作品を残しながら、すばらしい老後を満喫している。午前中は毎日、古代ローマについて研究し、資料を探し、午後は二一世紀の日常を楽しんでいるという。

成功や優れた業績を収めた人に対しては、つい生まれついての才能にだけ注目しがちだ。前世で国を救ったとか、親の優れた遺伝子を受け継いだとか。恵まれすぎた彼らの驚くべき才能や結果に注目するあまり、その裏に隠された忍耐や努力は見過ごされがちだ。

世界的な巨匠、ピカソを見てほしい。幼稚園児が描いたような子どもっぽい絵が数十億ウォン（数億円）で売られ、名声も得た彼がうらやましくて仕方がないが、バルセロナのピカソ美術館に行ってすぐに反省した。彼は青年時代、うまい絵をまねたりしながら数万枚の絵を描き続け、ついにピカソ風の絵を完成させたのだ。また派手な女性遍歴で知られるが、実際はどんな美女と一緒にいても、昼食後から夜まではつねに一人で絵を描いていた。

彼の成功はこうした絶え間ない努力と練習のたまものだったというわけだ。

私が周囲に強くお薦めしている本、アメリカのジャーナリスト、マルコム・グラッドウェルの『天才！ 成功する人々の法則』（講談社）には、詳しい事例が紹介されている。

著者は世界的に成功した人々に見られる共通点を「たゆみない練習の成果」だと強調する。天才的バンドとしか思われていなかったビートルズの名声は、才能よりも長い間の隠れた努力と忍耐の時間のおかげなのだ。

イギリスの田舎町出身のビートルズは、無名時代にドイツのハンブルクの場末のクラブで毎晩八時間演奏していた。ステージで長時間演奏し続けるためには、ふつうなら演奏しないさまざまなジャンルや新たな演奏スタイルを試すしかなかった。

そんなふうにして週七日、四年間で一二〇〇回のライブを続けたドイツでの苦労の日々が、他のバンドとの違いを生み、世界的ミュージシャンが誕生する土台となったのだ。

グラッドウェルは、世界的リーダーになるには「一万時間の法則」があるとして、ニューヨークタイムズ紙のコラムニスト、デイヴィッド・ブルックスが示した天才についての新たな見解を紹介している。

そこでは、神童モーツァルトが早くに音楽家として成功したのも、タイガー・ウッズが若くしてゴルフのスーパースターになったのも、「一万時間の法則」のおかげと分析されている。

彼らは人より早い時期に「一万時間の努力」を始めたために、早くに成功できたのだ。成功したリーダーは才能よりもたゆみない努力から生まれ、努力を続けることによって自分でも気づかない才能が発揮されるという。

凡人であっても、一万時間努力すれば、それまで見つけられなかった才能を開花させることができる。

一万時間の努力とは、毎日三時間、週に二〇時間ずつ一〇年間、こつこつと一つのことに投資することだ。一日に一〇時間ずつやれば、三年で目標をかなえられる。集中的に公務員試験の勉強をする人たちが、たいてい三年で合格するように。

天才だけでなく、何か大きな目標を達成した人たちを見ると、「何もしないでかなうものなどない」と改めて確信する。

八〇歳になる親戚の女性は肌がとてもきれいで、白髪もほとんどない。秘訣を尋ねたら二十数年前から毎日黒豆とゴマを食べていて、水泳を続けていたという。私も白髪予防に黒豆がいいというのでせっせと買って炒ったけれど、三日で食べ飽きてやめてしまった。

アメリカに住む知人は、数年前までは肩が痛いと言って、ソウルに来るたび鍼《はり》やマッサージに通っていたのに、去年来たときはほぼ治ったと言っていた。二年間まじめにヨガをやったら、姿勢が矯正されて肩の痛みも消えたそうだ。私もやはりヨガを習ってみたが、三、四回でやめてしまった。肩は相変わらずズキズキしている。

もちろん、なんでもかんでもやりさえすれば新たな境地に達するというわけではない。才能もやる気もまったくないのに、ただ長時間続けたからといって成功するわけでもない。

親に言われたからといった理由で漠然と選ぶのではなく、現実的な限界を正しく分析して、それを乗り越えるための戦略を立てることが重要だ。

特に女性はなかなか新しいことをやりたがらず、体力的に恵まれた男性たちに比べると長い期間を耐えるには限界があるそうだ。でも、その限界をカバーしてくれるのが、やる気や集中力ではないだろうか。

思うような成果が出なかった、優秀な遺伝子や裕福な環境を親が用意してくれなかった、世の中は不公平だ……。そんな不満ばかりを口にせずに、「今、一万時間に向けて必死でやっているか」と自問してみてほしい。どんなにIQが高く瞬発力に優れていても、日々こつこつ続けている人には勝てないのだ。

「一万時間なんて、言うのは簡単だけど、毎日三時間、それを一〇年も続けるって？　考えただけで気が遠くなりそうだ」

そんなふうに思いがちだが、一つの分野をマスターするためにがんばろうと、どうでもいいようなドラマを見ようと、ネットサーフィンをしようと、時間は流れていく。

時間という川で一生懸命にオールをこげば、すばらしい場所に到達するだろう。だが、川辺に座ってぼうっとしている人は、ずっと川辺でため息をつきながら、歳月のせいにするだろう。

あなたはどんな人生の主人公になりたいだろうか？

今日を記録すると、明日が違ってくる

私は、レオナルド・ダ・ヴィンチをとても尊敬している。少し前、ドイツのジャーナリスト、シュテファン・クラインが書いた『ダ・ヴィンチの遺産』（未邦訳）という本を読んで、改めて彼の天才性に感動したばかりだ。

私たちはレオナルド・ダ・ヴィンチを『モナ・リザ』や『最後の晩餐《ばんさん》』を描いたルネサンスの代表的画家、あるいは飛行機に関する先駆者など、さまざまな呼び方で記憶しているが、いずれにしても「天才である」点は誰もが認めるところだろう。フロイトもダ・ヴィンチを「人々が眠っているときに暗闇の中であまりにも早くに目覚めてしまった人」と表現している。

だが、ダ・ヴィンチが世界中で天才として認められている理由は、彼の優れた作品のせいだけではない。彼は死の直前まで自分の考えや想像したことをメモやスケッチで記録しておいたのだ。さらにフランチェスコ・メルツィという誠実な弟子が、その記録を大切に保管しておいた。

神の啓示を受けたかのようにすらすらと絵を描いたのではなく、絶え間なく想像力をめぐらせて無数の実験を繰り返した天才、さらに努力家としての彼の横顔をうかがい知ることができる。

歴代大統領の中でアメリカでもっとも尊敬されているエイブラハム・リンカーンも、愛用のシルクハットの中につねに紙と鉛筆を入れ、いつでもメモできるように準備していたという。

私たちがはるか昔について知ることができるのも、歴史書を編修した官吏や市井の人々があちこちにこまやかな記録を残してくれたためだろう。アンネ・フランクの日記によって、当時のナチスのユダヤ人迫害と虐殺の残酷さを生々しく感じることができるのと同じように。

韓国でもそうだ。李舜臣《イ・スンシン》将軍の『乱中日記』(平凡社)は彼の日常が収められただけでなく、戦略集でもあった。

投獄後、官位をはく奪されて一兵卒として再び従軍した彼は、一五九七年六月四日に現在の慶尚南道陜川郡《キョンサンナムドハプチョン》の栗谷面《ユルグク》にある、永田橋《ヨンジョン》付近の長くて狭い断崖絶壁にさしかかる。その日の『乱中日記』には、「峠道を行くと、奇岩は千丈にそびえ、江水はくねり、かつ路は険しく桟橋も危うい。もし、この険を扼《やく》せば、万夫も越え難いであろう」(日本語版より引用)と記録している。

この峠道の記録が、結局は鳴梁《めいりょう》海戦の戦略を生み出した。鳴梁海峡の狭い地形と速い流れを利用して、李舜臣は一三隻の船で横陣を組み、日本軍一三三隻を相手にした。

以前、押すとライトがついて暗い中でも書くことができるペンを、娘にあげたことがある。そのペンを持ち歩けば、映画を観ながら感じたこと、指摘したい点、疑問点などをメモしておいて記事を書くことができる。どんなに記憶力がよくても、その都度思い浮かんだ考えをすべてその場で記憶するのは難しいからだ。

旅行家で人道支援活動家でもあるハン・ビヤ氏も自伝エッセイ『それが愛だったのね』(未邦訳)でこう語っている。

「実際に見聞きして感じたり思ったりしたことをしっかり書き留めておくことが大切

だ。私は鮮やかな記憶よりうっすらとした鉛筆の跡のほうがいいと信じている。記録というのは感性のカメラのようなものだから」

「日記」や「メモ」は、自分の考えや自分との対話を文章にする行為だ。身に迫る危険や悔しさからも救ってくれる。手帳やノート、スマートフォンのメモ機能でもいいから、必要なことを記録しておく習慣をつけるといい。

友人のお母さんが急逝したが、その母は生前に貸したお金をこまかく書き残していたので、彼女の死後でもそのままの金額を貸した相手から返してもらえたという。職場でセクハラにあったときも、感情的に対処するのではなく相手の行動を記録しておけば、客観的な証拠として利用できる。

学校の先生や職場の上司にかわいがられる一番の方法も、彼らの前でせっせとノートを取ったり、メモしたりすることだ。上司に呼ばれたとき、手ぶらで行くよりノートとボールペンをもって行けば、相手を尊重して話を聞こうという姿勢をもっていると思われる。

韓国での講演数が最多といわれる故チェ・ユンヒ先生を見ても、記録の大切さを実感する。

彼女は人が集まる場では決して多くを語らなかった。ただ人の話にうなずき、相槌《あいづち》を打って、誰よりも大笑いするなど、傍聴者のようなリアクションをしながら、誰かが適切なたとえや面白い言葉、感銘深いエピソードなどを話すとバッグから手帳を取り出して静かに書き留めた。そして、いざ講演が始まると、自分が見聞きした話を面白おかしく聞かせるので、聴衆からは人気だったのだ。


二一世紀は創意とアイデアの時代だ。道を歩いているとき、友だちとおしゃべりしているとき、たまたま空を見上げたときなどに思い浮かんだ考えを手帳にメモして発明品をつくったり、作詞や作曲をしたり、美しい芸術作品のモチーフにしたりする。

言葉はすぐに消えてしまうが、記録は永遠に残る。記録は自分の能力を育てていくための絶対的な力になってくれる。

これからは優れた遺伝子が生き残るのではなく、きちんと記録し、書き留めておく習慣のある人が各分野で生き残る時代だ。

いつでもどこでも、自分の頭の中より、記録する自分の手を信じてほしい。

第二章　火曜日

どうして　こんな目にあうの？

不平不満が足をひっぱる

「ああ、あいつってムカつく！」

地下鉄や道で女子生徒がそのかわいい口からそう言い放つのを見て、ショックを受けたことがある。「ムカつく」という言葉を聞くと、不思議なことに穏やかだった気持ちまでムカムカしてくる気がする。言葉の力とは恐ろしいものだ。

友だち同士でも、いつもぶつぶつ文句を言いイライラして不平不満だらけの人は、結局、のけ者にされる。仲良しグループではなく、あくまで利益を追求するとともに上下関係が明確な職場ではなおのこと、なにごとにも文句をつける人は敵と思われる。

「ワークショップは全員参加ですか？　そんなんで効率が上がるんでしょうか？」

「営業部の飲み会は霜降り肉だったらしいけど、うちの部はたかが三枚肉か」「わが社の男性は誰一人イケてないのに、友だちの会社に行ったら、イケメンぞろい。私たちってついてないわよね」

口を開けばブツブツと不平不満のオンパレード。ペンギンが暮らせるほどに冷え切った雰囲気にしてしまう人たちは全員、南極に異動させたいくらいだ。

会社の発展のために問題点を指摘したり建設的な改善案を出したりするのであればいざ知らず、ほとんどは習慣的に不満をつぶやくだけで、何かいいアイデアがあるというわけでもない。不満だらけだから、当然、仕事の成果も出せない。

そのうえ不平不満ばかりの彼女たちは、「お姫様病」という合併症まであることが多い。「誰か代わりに荷物を持ってくれない？　私、力が弱くて」「なんで男たちは私の胸元ばかり見るのかしら」などと言って同僚たちを振り回す。

それでも、新入社員ならご愛敬でかわいいと思ってもらえるかもしれないが、いい年をしてそういう癖を直せなければ、まともに仕事を任せてはもらえない。任せたところで、「仕事が多すぎる」「きつい」「難しい」などと文句たらたらになるだけだ。

そのくせ、重要な仕事を任されなかったり行きたくない部署に回されたりすると、今度は権利を振りかざして「どうして私だけこんな目にあわされるんですか？」と問いただしてくる。

どんなに見た目がステキな子でも「なんで私がやるんですか？」などと言われてがっかりさせられる部下よりは、とりあえず何でも「わかりました、やります」と答えてくれる誠実な部下のほうがずっとかわいく思える。


人間の本性に対する鋭い洞察力で、自己啓発分野の最高のコンサルタントとされるデール・カーネギーは、次のような「3C」を強調している。

まずは「Criticize」、相手を批判しないこと。

それは間違っている、そんなふうに仕事してはダメだ、そんなふうにしたら大問題だ、発想が貧弱だ、といった発言をして、代替案も出さずに些細なことまで批判ばかりしないこと。私たちにはともに楽しく働く同僚が必要なのであり、評論家が必要なのではない。ところが服装から行動、言葉遣い、スケジュールなどにまで難癖をつける人が多すぎる。まあ、私だってそうなのだが。

次は「Condemn」、相手を責めないこと。

周りの人に対してことあるごとに「そんなこと言っていいのか」「おまえのせいで

この仕事は台無しだ」「おまえのせいで叱られた」「言う通りにしたのに失敗した」などとすべて人のせいにして、些細なことにも非難の矢を浴びせる人は敵だ。私の娘も、ちょっとでもうまくいかないと、すぐに私のせいにするけれど。

最後は「Complain」、不平を言わないこと。何に対しても文句をつけて当たり散らす人は、二酸化炭素よりもひどい公害だ。

もし一日だけでも怒りもイライラすることもなく、不平も言わなければ、仲間ができるだろう。気持ちが変化するだけでも、地獄のように思えた周りの環境が楽園に変わるだろう。

不平が口から飛び出す前にちょっと深呼吸して「自分が相手の立場だったら？」「自分がそういう状況だったら？」と相手の立場に立って考えてみよう。

そうすれば、自分だって叱られたり責められたりするだろうし、もっと未熟でいい加減な対応しかできなかっただろうと気づくはず。完璧主義者や聖人君子はどこにもいないのだ。

三〇年近い会社勤めでわかったことがあるとすれば、上司に対しては、どんな批判も非難も不平も意味がないということだ。上司は決して自分と同じ気持ちではないからだ。

心理学者のフォルカー・キッツも『人を意のままに動かす心理学』（CCCメディアハウス）でこう言っている。「反対意見で相手を説得しようとすればするほど、相手の意見を変えさせようという当初の目的から遠ざかっていくだろう」

上司の言い分にまったく納得できず、たとえ自分はミスを犯していないとしても、また上司の感情的な非難や突発的な叱責に対して、熱いコーヒーとともに辞表を投げつけたくなったとしても、ぐっとこらえて「わかりました」と言おう。

そうすれば、たいていは時間がすべてを解決してくれる。自分の意見はのちのち機会を見て賢く伝えればいいのだから。

「そうじゃなくって」とか「もう、イライラする」といった言葉を減らすだけでも、人生の障害物の多くは消えていく。

ポジティブな気分になれる言葉「はい」

人間は決して理性的な存在ではないようだ。国立図書館のすべての蔵書を読破して知識を身につけたとしても、国家を長く統治したという誇らしい知性があったとしても、何か判断を下すときには感情的になったり感覚に頼ったりするものだからだ。年下の者に対しては特にそうだ。娘に対してはなおのこと、理性より感情に支配されてしまう。

韓国社会でずいぶんとよくないイメージをもたれているのが「イエスマン」ではないだろうか。

企業の幹部らは口をそろえて「私はイエスマンではありません。大統領にも会長にも言うべきことはきちんと言い、ダメなことにはノーと言います」と言う。だが、それは真っ赤な嘘。そんなふうに言う人は、まずそのポストに就いていないだろう。もし就いたとしても「ノー」ばかり言っていたら、すぐさま外される。

「こっちが気恥ずかしくなるほど私にへつらい、なんにでもイエスと言う部下は警戒しなければいけないとつねに自分に言い聞かせています。『苦言は薬なり、甘言は疾《やまい》なり』と言いますから。ですが私も人間なので、何を言っても『その通りです』と答えてくれ、何をお願いしても『はい、承知しました』と言う後輩は憎めません。それどころかかわいく思えてきますね」

大企業の幹部、それもきまじめを絵に描いたような中年男性がそう話してくれたときには、まさに「イエス」の威力を実感したものだ。

人事管理の専門家、シンシア・シャピロも、自分の経験をもとに書いた『外資系キャリアの出世術』（東洋経済新報社）で、「権力者は従順でない者には冷たい」と断言している。

シャピロは、上司と対立するのは百戦百敗のゲームだと言っている。上司は会社の味方だと認められてそのポジションにいるのだから、上司の目に映る部下の姿は、そのまま会社から見た姿になるという。

会社の創業者や現在の社長がどうしようもない人物だとしても、その人たちに、あるいはその会社の精神にイエスと言ったことでその地位にいる上司は、同じようにイエスと言ってくれる部下を求めているのだ。

もちろん卑屈になんでもかんでも「はい、はい」と答えろといっているのではない。法に触れるような不正を指示されたとか、社会的な正義に反する陰謀を企てているといったときは「それは違うと思います」ときっぱり言い、そんな組織は離れるほうがいい。色仕掛けで取引先の幹部を接待しろという要求には「ひと肌脱ぎましょう、私にしかできませんから」などと応じる必要はない。

だが、ちょっとした意見の違いや勘違いも受け入れずに「それはないですよ」「できません」と口答えばかりするのは、やはり正しい行動とはいえないだろう。

イエスマンを別な角度から見れば、「首の鈴を鳴らして駆けつけるご機嫌取り」ではなく、「何ごとにも肯定的で積極的な社員」と言えるのではないだろうか。

どんなことを頼まれても「以前もやってみましたが、二日では絶対に無理です」と拒否するかわりに、「やってみます。ただ以前やったときにはいろいろ問題が起きました」とか、「とてもいいアイデアだと思いますが、こんなふうにやってみてはどうでしょうか」とやんわり言ってみてはどうだろう。

人は、責められたり断られたりするのが一番傷つく。それも自分が仕事を指示した若い後輩から「こんなばかげたことをやれと言うんですか」「だからうちの会社は発展しないんですよ」などと責められたら、プライドを傷つけられて怒りがこみあげる。どんなに「できた」人物でもそうだろう。

もちろん、口先だけ達者なイエスマンのほうがもっとたちが悪い。「ええ、ええ、そうですね」と言っておきながら、実際には何もしないというやる気のない社員は、おおっぴらに反対する人よりもっと迷惑な存在だ。口だけでなく行動と実力を示してほしいものだ。

映画『プラダを着た悪魔』では、主人公は悪魔のような編集長の無理難題に必死に応える。メイドのように屈辱的に扱われようと、編集長の子どもたちのために『ハリー・ポッター』シリーズの新作を書店より先に手に入れる。

「悪魔、魔女。私はあんたの召使いじゃないのよ。会長にいますぐ訴えてやる！」

こんな言葉を並べる代わりに人脈を使ってでも難解なミッションを成功させ、その気難しい「悪魔」の上司から認められる。おかげでその悪魔から離れて他社に応募するときも、悪魔は責めるどころか非常に優秀ですばらしい社員だと推薦してくれた。

私にも似たような経験がある。極端にマッチョでそりが合わない上司に苦労したあと、気遣いのある優しい上司の下で仕事をすることになった。

その人の能力や人柄は別にしても、「気遣いをしてくれる」その態度だけで、忠誠心がふつふつと湧いてきた。しかもその上司はごく些細なことでも「今回の記事、よかったよ」などと褒めることを忘れなかった。だからその上司の指示であれば、多少は無理をしてでもやり遂げた。

創刊日や新年などの特別号の新聞は、ふだんとは違う記事であふれるものだが、通常の担当業務とは別に特集記事を進んで書こうという記者はそういない。だが、やや申し訳なさそうな顔で「困ったな。今度の特集、うちの部で二面受け持つことになったんだが」というその上司の言葉に、私は喜んで「やります」と申し出ていた。当時の私はちょうど女性生活面を担当していて、男性記者が苦手な分野でもあったので、私が引き受けるしかなかった。

快く「やります」と言った私に感心してくれたのか、上司は周りに私のことをおおいに褒めちぎってくれた。今でもときどき元気にしているかと電話をくれる。

このとき私がイエスマンのようにふるまったのは、その上司に対する尊敬の念からだけではない。もし自分が上司なら、同じように「私がやるのでご心配なく」と進み出てくれる後輩が必要だからだ。私がそうすることで、自然と後輩たちもまねてくれるのではと思ったのだ。

さらに、少し負担に思うくらいの量の仕事を引き受けると、その分、自分も成長できる。MBCの人気バラエティ番組『無限に挑戦』を見てもわかる。平均以下の男であることを主張するメンバーたちが、レスリング、カーレース、料理、ファッションモデルなどに挑戦して、最後には何かをやり遂げているではないか。

上司に認められるためでも、なんとか組織で生き残るためでもなく、自分自身のグレードアップのために「イエス」と答えるのだ。

あなたの隣に広がる人生、あなたに近づいてくる幸運のために。

どうして私がこんなことをしないといけないの？

「部で唯一の女性社員のせいか、いつもコーヒーを淹《い》れるのは私なんです。同僚を訪ねてきた来客のためにも出してくれって言われるし。悔しくてやりきれません。こんなことするために就職したんじゃないのに。断ってもいいでしょうか。それとも辞めるべきでしょうか」

ある女性がインターネットの相談サイトにこんな悩みを書き込んでいた。面白いのは先輩たちのコメントだ。

「そんな扱いをされるなら辞めてもいい」という意見もあったが、「男だったら、なぜ自分が淹れるのかと文句を言うのではなく『任されるくらい信頼されているんだ』と考えると思う」というのがあった。

多くは「お茶くみだけさせられているわけじゃないから、我慢したほうがいい」という意見で、就職難でなかなか仕事に就けないという現状をよく反映している。

実際、いい会社に就職した女性は「お姫様病」の人が多い。子どものころからかわいい、賢いと褒めそやされて育ち、男性のように兵役での上下関係や世間の荒波にもまれて苦労した経験もない。

そんなお姫様が、男たちから「おい、ちょっとコーヒー頼む！」と言われたらカッとなるかもしれない。だがその「コーヒー一杯」の関門を通過できなければ、お姫様は一文無しか召使いに転落し、不当な（？）行動をとった男たちは、ＣＥＯにまで上りつめるのだ。

女性エグゼクティブたちに数多くインタビューをしたり会ったりする中で発見したのは、彼女たちはどんなに専門性を備えていても「コーヒー」に象徴される、些細なことをおざなりにしなかったということだ。

広告代理店の金鋼オグルヴィ前社長で、現在はアップル・コリアで働くキム・ヒョソン氏に会ったことがある。海外留学の経験があるわけでも広告業界の専門家でもないのに、二十数年間、世界的企業に勤め、役員にまでなった秘訣を尋ねると、彼女はじっくり考えてからこんなふうに話してくれた。

「私は野心満々の計画を立てて精進するようなタイプじゃないんです。小さなことにも誠意を尽くすのがモットーです。

最初の職場では毎朝、同じ部署の人たちにコーヒーを淹れていました。年下の女性社員もいたけれど、私のほうがあとから入社したので進んで淹れていました。なんでこんなことまでと思うよりも、コーヒーくらい会社一おいしく淹れてやろうと決心して、コーヒーの温度はもちろんそれぞれの好みまで気にかけました。

午後はティータイムがあったんですが、午前中に何杯もコーヒーを飲んだ人にはコーヒー以外の飲み物を勧めたりして。『コーヒーの飲みすぎは胃によくないし眠れなくなることもあるから、別のをどうぞ』ってね。そうこうするうちに、上司や同僚から『思いやりと責任感がある』と認められたのです」


インタビューした人の中に、私が深く感動した人がいる。チョン・ソンヒ氏だ。

今は七〇を超えたが、インタビュー当時六八歳だった彼女は、大成グループの金英大《キム・ヨンデ》会長の秘書として活躍し、全国秘書連合会の会長でありながら、会社の来客にもコーヒーを淹れていた。

職務は秘書でも、肩書きは常務理事。それでもどんなに若い来訪者に対しても明るい笑顔でコーヒーを出していた。

「秘書がコーヒーを淹れることを嫌がってはいけません。コーヒーをお出しするのは、家に来たお客様を心を込めてもてなす以上のことなのです。コーヒーを運ぶのは会社のイメージを運ぶことだと思うのです。

初めてのお客様の場合、お砂糖やミルクをどれだけ入れるかメモします。そして次にいらしたときにはそのようにお出しするので、お客様も驚かれます。私のコーヒー目当てでわざわざいらっしゃる会長のお知り合いもいるほどなんですよ。つまらないことでも粗末にしないのが大切です」

彼女は四か国語を駆使して外資系企業との交渉も担当するが、今でも雨の日は金会長の靴を磨く。自分のちょっとした心配りと誠意で喜んでもらえることがうれしいからだ。

砂糖二杯にクリーム一杯と覚えてくれている人がいて「お砂糖は二杯ですよね」と

笑顔で話しかけてくれたら、それを嫌がったり、怒ったりする人はいないだろう。反対に、コーヒーには絶対手をつけないのに毎回行くたびに無神経にもコーヒーを出されたら、コーヒーを出した人に対してはもちろん、その上司や会社に対するイメージも悪くなるだろう。

公職に就くあるお偉方にインタビューを行ったとき、暑い夏の日だったが、女性秘書が冷たい飲み物とフルーツを出してくれた。

そして四〇～五〇分ほどするとまたやってきて「エアコンの効きすぎで少し寒くないですか。温かいものをお出ししましょうか」と聞いてくれた。ふだんから食い意地が張っている私はついうれしくなって「コーヒーをください！」と答えたら、しばらくしてその秘書がコーヒーとおいしいクッキーを出してくれた。

私は聡明な秘書のおかげで、その日のインタビュー相手にまで好感を抱き、インタビューも楽しく終えることができた。

コピーとお茶くみは雑用と思われがちだが、そうした仕事も愛情をもって一生懸命やることが、大きな仕事もうまくやれる秘訣だ。

それは決して雑用ではなく、他人に対する尊い心配りだ。自分が少し動きさえすれば、誰かがお茶で一服できて、楽に資料を見ることができるなら、それをうれしく思うべきだろう。

家事は面倒でつまらないと思えば、どんな母親でも家族のために家の中で働けない（私の家事はお粗末だけれど……）。掃除、洗濯、皿洗いといった家事はすべて、元の状態に戻すという単純作業だ。

もやしのナムル一つつくるにも、もやしのひげを取って洗い、ゆでて、たれをつくってあえて、ようやく出来上がりなのに、何度か箸をつけただけでなくなってしまう。それでもやるのは、小さな仕事こそがもっとも偉大な愛の第一歩だからだ。

『小さいことにくよくよするな！』（サンマーク出版）という本は、つまらない感情に振り回されるなと説いている。

日常での些細なことにも最善を尽くすべきなのだ。ごく常識的な話ではあるけれど、常識は真理なのだから。世の中は常識に支配されている。

侮辱を笑いとばせる余裕

「やることが多すぎて何がなんだかわからないし、未来もはっきりしないっていうのに、いったい二〇代のどこがもっとも美しい時期だっていうの？」

口さえ開けば「今が一番いい時ね」と連発する私に、娘はこんなふうにグチる。

そのとおりだ。タイムマシンでもう一度二〇代の初めに戻れと言われても、私も戻りたくない。進路を決めないといけないし、結婚もしなくちゃだし、決めなければならないことが山ほどある。

それなのに、これといったアドバイスをしてくれる人はいない。一人で悶々《もんもん》と苦悩する季節に戻りたいとは思わない。もちろん二〇代のピチピチの肌や、くびれた腰のライン（だったと思いたい）といった若さは取り戻したいけれど……。

それでも私が、若いころは「いい時期だ」と言うのは若くてきれいな外見に無限の可能性があるからではない。社会人になると、年をとればとるほど侮辱されたり屈辱を感じたりするが、若いころは、それを感じなくてもいい時期、社会から一番守られている平和な時期だからだ。

社会に出れば、職場や肩書きや給料が与えられるものの、無限の責任に加えて、悔しさに耐えなければならないことも増えてくる。

仕事をうまく処理できなかったとき、面倒な人に会ったとき、さらにはただ女性だという理由で受けるセクハラなどは、大学入試のように受験勉強でなんとかなるものでも、予防注射で防げるものでもない。

私も、いまだに悔しい思いをすることが多い。会社ではもちろんのこと、テレビの討論番組に出たりすると、自分と意見が違うというだけで言いがかりの電話をかけてきたり、告発すればすぐさま留置所行きになりそうなおぞましいメールを送ったりしてくる人もいるからだ。さらには、仲のいい友だちに馬鹿にするようなことを言われたときや、たいして面識もない人に馴れ馴れしくされたときなど、悔しさを感じる瞬間は枚挙にいとまがない。

ところが私の場合、「記者」という職業のおかげで、会社の中でも外でも、そんなに悔しい思いをしているほうではないようなのだ。

他の職場では、予定通りに仕事をこなせなかったと言って上司が部下に手を上げたり、物を投げつけたりすることがあったり、サービスを十分受けられなかったと客が店員を罵倒することもあったりする。何かにつけて呪いに近い中傷をネット上に書き込む人がどれだけ多いことか……。

ひょっとしたら、才能と情熱の対価だと思い込んでいた給料の七〇パーセントは、歯を食いしばって耐える悔しさの埋め合わせなのかもしれない。

一般人だけが悔しい思いをするのではない。ネット上では政治家や人気スターのみっともない写真が並ぶ「屈辱シリーズ」が人気だし、聖職者もその対象からは逃れられないようだ。ただその受け止め方によって、私たちの人生も違ってくる。

パウロ・コエーリョの『Like the Flowing River（流れる川のように）』（未邦訳）には次のような話が出てくる。

ある人が二〇ドル紙幣をくしゃくしゃに丸めて踏みつけてからこう言った。

「私がこのお金にどんなことをしたって関係ありません。これは変わらず二〇ドル紙幣だからです。私たちも生きていると、しょっちゅうこんなふうにくしゃくしゃにされて踏みにじられ、不当な扱いを受けて悔しい思いをします。でも、そうされたとしても私たちの価値は変わらないのです」

どんなに踏みつけられても二〇ドルが一ドルや五ドルになることはないように、私たちも侮辱されたからといってつまらない人間に落ちぶれるわけではない。言葉の暴力や失礼な態度に踏みにじられることがあっても、身長や体重が減ったり、再起する力が失われたりするわけではない。

自分の価値や幸せを、他人が決めることはできないのだ。

でも、どんなに強い自意識をもっていても、たびたび現れるやっかいな人を避けるのは難しい。生きていると、性善説ではなく性悪説のほうが正しいのではと思ってしまうくらい邪悪な人間にも出会ってしまうし、呆れてしまうような性格破綻者に会うこともある。

就職したてのころ、少々気難しい上司の下で働いたことがある。早く出勤すれば

「旦那とケンカでもしたのか。こんなに早く家を出てくるとは」と言われ、少し遅くなれば「こんなに遅れて、会社に遊びにきてるつもりか」と言われた。

仕事を多めにやれば「独り占めする気か」、少なめに働けば「ちょっとしか働かないくせに給料泥棒か」とケチをつけられた。何から何まで干渉されて、記事を少し書き間違えただけで「基本がなってないな」「手じゃなくて足で書いたのか」などと叱られた。

本当にあのときは、すぐにでも辞表を書いてその上司の顔に投げつけて会社を飛び出したくなることが何度もあった。毎晩、夢で「いい加減にしろ、コンチクショー」とその上司を叱りつけ、朝、目が覚めると、夢に気づかれないかと心配したり、熱いコーヒーを顔の上にこぼしてやろうか、ベタベタのガムを机の上に置いておこうかなど、ありとあらゆることを考えた。幸か不幸か、その人は私だけでなく、他の人にも同じような態度をとったので、みんなの敵だった。

それでも辞表を書かなかったのは娘のためだった。子どもを養うために侮辱を耐えしのんだのではなく、幼い娘の世話もせずに会社にきているのに、たった一人とのいざこざや侮辱ごときで簡単に失望し、諦めてしまえば、これから先、どんな困難も乗り越えられないだろうと思ったからだ。

ひるまずに耐え抜けば、私よりずっと年配のその人のほうが先に会社を辞めるだろうし、自分が上のポジションにつくことが一番の仕返しになると考えたのだ。

案の定、しばらくしてその上司は会社を辞めた。辞める前には、私がとてもよくしてあげたので、私と彼との関係も改善した。

そのとき、哲学者ショーペンハウアーのこんな言葉が思い浮かんだ。

「どんなにひどい目にあわされても、そのことで悩み苦しむことはない。ただ、わかることが一つ増えたと考えればいい。それは、人間性を研究するのに必要な資料だったと思えばいい。不思議な鉱物の標本を偶然発見した鉱物学者の態度をまねるのだ」

誰かに対してムカッときたら「自分が発見した三番目の鉱物だ」と思えばいい。同じ人に毎回侮辱されたら、新発見した複雑な動物の別の特性を見つけたと思えばいいのだ。

有名な作詞家のヤン・インジャ氏は、いじわるな人に会うたびに、「仏陀《ぶっだ》が、自分の信念と人格を試そうと、その顔を借りて現れた」と考えるそうだ。

いじわるをされ、悪口を言われてムカムカするたびに、相手にイラッとしたり、カッとしたりするのでなく、「仏様！　またいらしたんですね。南無阿弥陀仏」と言うのだとか。悪魔の顔でやって来たとしても、それは悪魔の仮面にすぎず、その下には仏様のほほえみがあると信じれば、怖がったり怒ったりする理由もないだろう。

また誰かが「毒リンゴ」をくれたとしても、受け取らなければ、それは自分のものではなく、相手のもののままだ。誰かが侮辱してきても、自分がそれを侮辱だと受け取らない限り、それは侮辱してきた人のものなのだ。

ストア派の哲学を現代風に解釈した『良き人生について――ローマの哲人に学ぶ生き方の知恵』（白揚社）という本を読んで、非常に慰められた。そこにはこうある。

「誰かに侮辱されたらこう考えるといい。あなたは私を侮辱する権利があるが、私にはそれを拒否する権利がある」

よく考えると、私たちが、親しい人、あるいはまったく関係ない人について話をするとき、幸せを祈る言葉や褒め言葉より、悪口や非難のほうが多くないだろうか。無意識に「変な人」「ちょっと足りなそう」「呆れた人ね」などと言っていないか、思い返してみる必要がありそうだ。私はよく人のことを悪く言うので、娘に叱られる……。

つまり、他人も深く考えずに侮辱するようなことを言ってくるけれど、こちらも神経質になりすぎているのかもしれない。レベルの低い人たちの侮辱など笑い飛ばすくらいでいいのだ。重要なのは、あなたが勝利して生き残ることなのだから。

上司の小言への対処法

ごくたまの私の小言に娘はすぐイライラするけれど、世の中は「小言」であふれている。

さまざまなアンケート結果によれば、新入社員がもっとも腹が立つ瞬間は、「上司に根拠もなく責められたり、小言を言われたりするとき」がつねに上位を占めている。

就活情報サイトを運営するインクルトが調査した「グサリと心を突き刺された上司の言葉5」を見てみよう。

「そんなこともまともにできないのか？」「いったい何をやっていたんだ」「そんなふうなら辞めちまえ！」「いまだにそんなこともできないのか？　キャリアが泣くぞ」「ごちゃごちゃ言わずに言われたとおりにやれ」などだという。

こんな非難や小言を聞いても、幸せで、まったくストレスを受けないとすれば、それはそれで正常ではない。いくら神経の鈍い人でも、仕事上の大きなミスではなく「コピーは裏紙を使えと言ってるのになんで新しい紙ばかり使う？　お前のカネじゃないからバンバン使っていいのか？」「なんだ、その格好は」などと皮肉を言われたら、脳はおそらくストレスホルモンをどんどん分泌させるだろう。

いつだったか、ある雑誌記者とお茶をしたのだが、表情が暗く見えたので理由を尋ねると、午前中、編集長からイライラをぶつけられたという。

自分がミスしたのではなく、あくまでシステムの問題だというのに、彼女からすれば、本来は、社長に抗議したり申し入れたりするべきところを部下である自分が八つ当たりされたので、こういうことが起こるたびに辞表を書きたくてたまらない、という。

その会社の女社長は私もよく知っている。とても情熱的で能力もあるが、その手の女性の多くがそうであるように、カッとなりやすい性格で、後輩にきつく当たる。編集長に対してもそうだったのだろう。私はその女性社員にこう言った。

「あなたに何も落ち度がなかったとしても、上司に責められたり、イライラをぶつけられたりすることはあるものよ。上司も感情をもった人間だから。それに落ち着いて考えてみて。その編集長があなたの立場にいたときは、おそらく今の社長が編集長だったはずだけど、その怖い社長の下でどれだけ叱り飛ばされて傷ついて、口やかましく言われたか。それをすべて耐え抜いたおかげで今の編集長のポストに就けた。

小言を言われて悔しがったり腹を立てたりする前に『先輩もどれだけやられてきたんだろう』と考えてみれば、むしろ同情や憐《あわ》れみを感じるはず。すべての人間はみんな哀れな存在なのよ」

実際、社員たちは、部長が役員会議から戻ってくると毎回不安におびえる。会議で部長や役員が褒められることは珍しく、ほぼ毎日、責められ、文句を言われるからだ。

そして幹部たちが言われる小言は、新入社員や下っ端の社員が部長や局長に言われる小言の比ではない。一般の社員は少々不当に扱われても労働組合に訴えるとか、「辞めてしまえ」と言われれば労働省に陳情もできるが、幹部クラスはいつでもクビにさせられるからだ。

「キム局長、いったい野心はあるのかね。そんな仕事で高給をもらうつもりか」「いったい部下にどんな教育をしたらこんな報告書を出せるんだ？　今すぐ辞めたまえ」

社長や常務にそんなきついことを言われ、心中は傷つきながらも優雅にほほえんで自席に戻り「さあ、今日も楽しくがんばって仕事しよう」などと言えるような人はめったにいない。

それに、ミスを指摘されたら冷静に伝えることも上司の義務である。課長代理は課長に、課長は次長や部長に、部長は常務や社長に、社長は会長に小言を言われるのが、会社での小言のサイクルだ。

ところが不思議なのは、多くの男性は平社員であれ幹部であれ、そういった小言に腹を立てたりやり返したりせず、さほどストレスを受けたりしていないようなのだ。

ヒエラルキーに順応する男たちにとってはそれが慣習であり、通過儀礼であることを知っているのだろう。年下の上司から敬語を使われず、文句を言われても、じっとうつむいたまま非難を受け止める。

上司にそんなふうにうるさく言われても、やりきれなくなったりストレスを受けたりしないで、心の中で「あの人はどれだけ長いこと、こうして文句を言われ続けてきたんだろう」と憐れんであげるほうが得をする。

今は見栄えのする肩書きの名刺をもち、法人カードを使うことができ、会社から提供される運転手付きの車に乗る幹部たちも、最初から幹部だったのではない。初めは叱られてばかりの新入社員だったということを思い出してほしい。

また小言もただ受け流すのではなく、薬だと受け止めて、次から言われなくてすむような努力をすれば、自分自身も成長できる。

もちろん納得のいかない扱いや上司の言葉の暴力にまで我慢しろというのではない。だがそういうときでも、上司に対してカッと怒って声を荒らげたり、泣きそうな顔で抗議したりしてはいけない。深呼吸して冷静になってから、「部長、それは違うと思います」と自分の意見を述べるほうがいい。


大事なのは、面倒な人と対立するのでなく、大きな夢を実現するためにどんとかまえ、そういった慣習も乗り越えることだ。

自分一人で抗議しても決して変わらない人たちに対してエネルギーを使うより、自分自身の平和と成長のために心を砕くほうが賢いのだ。

上司は褒め言葉に飢えている

宇宙船やコンピュータをつくってしまうほど、偉大な人間。ところがその偉大さが、たったひとことによって崩れ去るということを知っているだろうか。それは、「賞賛」だ。

少し前に会った大企業の女性部長は、ふだんは慎重で寡黙な人だが、その日はひときわにこにこしていた。バースデーケーキのローソクの火を消す女の子みたいに、うれしそうな表情を隠せずにいる。昇進したとか、大きな賞をもらったということではないらしい。

「今日、幹部会議を終えて出てくるとき、社長に『うらやましいな』と言われたんです。私、昨日は出張だったんですが、社長が私の部下たちをランチに連れ出したようなんです。そしたら部下が『うちの部長は指示が的確で仕事がしやすい』『仕事のときはカリスマ性にあふれているけど、ふだんはとても面倒見がよくてストレスを感じたことがない』などと、私のことをやたらと褒めてくれたそうなんです。そんなふうに言われたら、照れくさいやらありがたいやらで。上司に認められるより、ずっと気分がいいものですね」

広告代理店の社員は、ある会社の女性の重役と男性の社長とランチをしたときの衝撃談（?）を教えてくれた。

「一時間半ほど食事したんですが、そのあいだじゅう重役が『うちの社長、とてもステキでしょう?』『うちの社長、ネクタイがオシャレでしょう? 本当にセンス抜群なんですよ』と第三者の自分が聞いてもなんだかむずむずするくらい、オーバーに褒めちぎるんですよ。ところがその社長ときたら『おいおい、やめてくれよ……』『なんだい、お客さんの前で、まったく……』と口では言いながら、まんざらでもなさそうな表情なんです。それもずっと笑いながら。あからさまに褒める重役が、最初は少し憎らしかったんですけど、社長のうれしそうな様子を見たら、なるほど、おべっかや褒め言葉にかなう者はいないと実感しましたよ」

なんとも不思議ではないか。子どもでもない中年の大人が、褒め言葉一つにこれほど歓喜するのだ。

賞賛にはクジラも踊らせ、象も飛ばせるくらいの威力があると知られていても、地位が高いほど、そして年をとるほど賞賛に飢えているということは、あまり知られていない。

アメリカの人気コラムニスト、スタンリー・ビングの『Throwing the Elephant（象を投げる）』（未邦訳）は、上司を「大きな象」にたとえた本だ。

多くの上司はその地位にのぼりつめるまで、過去の自分の上司をはじめ目上の人に対してたくさんのおべっかやお世辞を言って賞賛している。すると自分も、ぼんやりとした情けない現在の部下たちからのお世辞を、当然期待するようになる。結局、いくつかの褒め言葉が、巨大な象を投げてしまう力をもつのだ。

『「ほめる」技術』（日本実業出版社）という本を書いた日本のコーチングのプロ、鈴木義幸氏も上司を褒めることの重要性を強調している。

「上に行けば行くほど、なかなかほめられる機会はないわけです。おそらくみなさんの上司は、ほめ言葉なんか俺は必要ないみたいな顔をしているでしょうが、そんなことは絶対にありません。これは断言できます。絶対ほめてほしいと思っています。そして多分、みなさん以上にみなさんの上司は賞賛に飢えています。だからもう、何でも構わないですからほめてみてください。ネクタイでも、何でも」（日本語版より引用）

誰にとっても「褒め言葉」ほど効果的なものはない。褒めた理由を問いただしてくるような人はいないし、年をとればなおのこと、褒められたくなる。褒められることなどほとんどないから、小さなことでも褒められると感動してしまうのだ。

「上司はステーキ」という言葉もある。外側は強火で焼かれて硬くなっているが、中身は軟らかくて弱いということだ。見た目は無愛想でお堅く見えるが、実際のところは弱いので、そっと刺激して、存在感を際立たせるように褒めてあげれば、アイスクリームのように溶けてしまう。

だから年上の人に対して、腹を立てるのはぐっとこらえるとしても、賛辞を贈りたい衝動は決して我慢しなくていい。

「ヘアスタイルを変えたら、とても若々しく、いえ、お若くなりましたね」「この間の部長の企画案、すばらしかったです。いつになったら私もその境地に到達できることやら」「本当に海外留学していないんですか？　まるでネイティブの発音じゃないですか」

多少気恥ずかしくても、積極的に十分に褒めてあげるといい。ただしあまりに頻繁に、わざとらしく褒めるのは不自然だしご機嫌取りのように見えてしまうので要注意。ほどよいお世辞は気分もいいが、行き過ぎれば相手を警戒させてしまう。

賞賛とともに上司をもち上げることも重要だ。ヒューレット・パッカードの元CEO、カーリー・フィオリーナは、自分をCEOとして引き抜こうと交渉にきたディック・ハックボーンに会ったとき、ポストのことよりこう強調したという。

「私がCEOとして行くとしたら、あなたは会長にならなければいけない。その驚くべき能力で私を指導してください」

私は、定年退職が間近に迫る今になって後悔している。これまでの会社での日々を思い返してみると、私が上司に言ったことといえば、無茶なことや不満や皮肉ばかり。「部長が遅くまでいらっしゃるから、私たちまで時間に帰れないじゃないですか。どうか家に帰ってくださいよ（夫婦喧嘩が原因で遅く帰宅していたらしい上司に対して）」「私一人で全部なんてできません。先輩だったらできますか？　なんでもかんでも来るもの拒まずの態度はやめて、断ることも必要ですよ（上司に指示された仕事を振ってきた先輩に対して）」「あれ、いったいいつ出産予定日なんですか（お腹がぽっこりと出た上司に）」……。

私が出世できなかったのは実力のせいもあるけれど、こんなふうに、褒めることをしてこなかったからではないか……。あなたも同じ轍《てつ》を踏まないように。

自分が上司ならどんな後輩がかわいいか

人は誰しも宇宙で唯一の存在だ。でも職場での価値は、状況によって変わってくる。

企業の女性幹部数人で食事会をしたことがある。そのなかの一人がこういう場にはめったに登場しないテーマを切り出した。後輩の女性に対する〝賞賛〟だった。

「うちのキム課長代理はとにかく賢くて、かわいくてしかたない。仕事はてきぱきとこなすし、ほんと気が利くのよね。ちょっと調子が悪くて私が休憩室で休んでいたら、携帯メールを送ってきたの。『今しがた常務がお見えになりました。来客で打ち合わせ中だとお伝えしておきましたので、お電話してみてください』って。馬鹿正直に『昨日飲みすぎたのか、お疲れで休憩室にいらっしゃいます』なんて伝えられたら、おおごとでしょう?」

ほかの人たちも〝後輩自慢〟をはじめた。

「正直、会社の飲み会で仕事や人事の話をされると休まらないのよね。でも女性の後輩たちは上司と気軽に話す機会があまりないせいか、ゆっくりとおいしいものを食べて飲もうという席でも『この前の仕事のことなんですが』とか『次のボーナスはどれくらい出そうですか』といった話をするんですよ。ところがうちのパク主任は絶対にそういう話をしない。楽しい話や人気のドラマ、テレビ番組の話で明るい雰囲気にしてくれて、古い世代の私は情報をもらえるんです。その子に勧められてミュージカルや映画も観に行ったんですよ」

男性幹部たちも似通ったことを言っていた。

もちろんなんでもいいから上司のご機嫌をとれというのではない。上司の望みに応えるうちに、結局は自分も成長して、職場でも認められるということだ。

私がかき集めた(?)、上司にかわいがられる後輩の共通点を紹介しよう。

一つめ、「早起き鳥は感心される」。会社勤めの基本は勤務態度。特に出勤や退社の時間は重要だ。何よりも、早く会社に出勤するのは目立つための近道だ。それだけ業務に忠実だというサインだからだ。

フォーチュン誌の記事を見ると、成功した専門職の人たちの共通点が「朝早く出勤する」ということだった。上司に社内メールを送るときも、送信時刻が朝早いととても感心される。

二つめ、「上司の利益が最優先」。どんなに抜けて呆れるような上司でも、少なくとも会社では上司のほうが後輩よりは価値がある。上司の仕事や時間のほうがずっと価値があるのだということを認めて行動すること。

つまらないことだが、個人的な電話の最中に上司がやってきて何かを聞こうとしているのに、無視してしゃべり続けるのはマナー違反だ。重要な仕事の電話以外は、すぐに「あとでかけ直します」とことわっていったん切ってから、上司に「何かご用でしょうか？」と尋ねるのがマナーだ。

また何気なく「これは何かね？」「最近はどの歌手が一番人気があるんだ？」などと声をかけられたら、その場では答えられなかったとしても、早めに教えてあげよう。仕事で必要な資料ではなく、個人的な好奇心を満たしてあげるというのは、ともすればどうでもいいことかもしれないが、上司にすれば、気になったことを調べて教えてくれるその気持ちと気遣いがうれしく、その部下をかわいく思える。

三つめ、「困った表情は禁物だ」。どんなに難しい仕事を振られても「どうしてこんなことを私にさせるの？」とか「ちっともわからない」という態度や表情をしてはいけない。とりあえず毅然と受け入れて、その後、専門家に意見や助けを求めればいい。あたふたしたり、イライラしたりする姿は見せないこと。何を指示されても、最高で唯一の返事は「はい、わかりました」だ。

四つめ、「代替案を用意する」。すべてが計画通り、設計図通りいくわけではない。事故や天災地変が起きるかもしれず、どんな計画を立てるにしてもA案だけでなくB案を準備し、上司の手が回らない件に対応したり物品を準備したりする後輩は、本当にかわいく思えるものだ。

またミスしたときはすぐさま報告する。いいことも悪いことも直属の上司に真っ先に知らせることが基本だ。「えっ、そんなことがあったのか？」と上司を戸惑わせるようなことをしてはいけない。

五つめ、「つねに明るい表情でいる」。仕事ができても、陰気な性格や暗い表情の後輩をかわいく思う上司はいない。近頃では新入社員の採用でも、試験の成績と同じくらいポジティブさやユーモア感覚を重視する。

職場ではいつも明るく単純明快な表情でいることが大切だ。恋人との別れや親の病気などプライベートでつらくて苦しいことがあっても、オフィスでぼうっとしたり落ち込んだ表情を見せたりするのは自制したい。職場は互いに慰めあうような、情が行き交う仲良し集団ではなく、利益を追求する冷静な集団だからだ。

いつも明るい笑顔で挨拶してくれる後輩を見ると、しっかり育ててやりたいという使命感もわいてくる。そうしたちょっとしたことが、結局は成功につながっていくのだ。

ここまで読んだら、こんなふうに言うかもしれない。「どうして卑屈に上司のご機嫌とりばかりしなくちゃならないの?」

そうすれば、自分が上司になったときに尊重してくれる後輩に出会えるからなのだ。

自分から話しかけるのはみんな苦手

アメリカの大学に通っているという、知人の娘さんに会った。大学の長期休暇で帰国中だったが、国内の大企業でインターン中だという。

「インターンはどう？　楽しい？」と挨拶がわりに聞くと、「微妙なことが難しい」と言われた。

「インターン、それも学生の身分でのインターンだから、重要な仕事は与えられないので、ミスしたりストレスを感じたりすることはないんです。わからないことがあれば先輩たちに聞けばいいいし。ただ、微妙なタイミングのときに、どうすればいいかわからなくて。たとえば先輩たちとお昼を食べに行くときとか、朝、エレベーターの中で上司に会ったとき。どこに視線を向ければいいのか、何を話したらいいのか、どれくらいしゃべっていいのか、そういうときの対応がすごく難しい。しゃべりすぎればおしゃべりだと煙たがられるだろうし、黙っていればツンとしてると誤解されて、距離を置かれそうで……」

これは若くて純粋なインターンだけの悩みではないだろう。社会生活では初対面の人や、どこかの集まりでたまにしか会わない人に対して、どんなふうに話しかけて、どんなふうに会話を続けるか判断するのはなかなか難しい。

私もエレベーターの中で若い後輩たちに出くわすと、ただにこりとするだけのことが多い。先日の記事がよく書けていたとか、今日の服は似合っているとか、そんな話もしたいけれど、もしかしたら「干渉しすぎ」とか「余計なことまで」とか思われそうで口を閉ざしてしまう。同じ空間にいながら沈黙している時間はほんの十秒ぐらいなのに、どうしてあんなにも気まずいのだろう？

ところで、優れていても無表情で無愛想な後輩より、にこやかに笑って先に声をかけてきてくれる後輩のほうが、間違いなくかわいく見える。新入社員であればなおのこと、自分から挨拶して、やりすぎない範囲で話を切り出してくれたら、じつにかわいらしく感じられる。近づきたい相手、自分をよく見せたい相手がいたら、無視される覚悟をしてでも声をかけて挨拶してみれば、意外とお近づきになれるものだ。

地方大出身のある女性は、知り合いの口利きで、ある会社にインターンではなくアルバイトとして採用された。

毎朝早めに出勤して掃除をし、観葉植物に水をやり、郵便物の仕分けをし、何を指示されてもきびきびと処理した。昼休みのおしゃべりでは先輩たちに新世代のアイドルグループや最近流行しているギャグを教えたりと、明るくふるまった。すると半年後、正社員として採用された。


娘に薦められた、在米韓国人作家アネス・アンの『プリンセス・ラ・ブラボー！』（未邦訳）という本がある。その本で紹介されているチャン・ハナ氏の話を読んで「自分から近づくこと」の大切さを痛感した。

チャン・ハナ氏は韓国の慶熙《キョンヒ》大学を卒業して、国連のインターンシップに参加した。国際機構の代名詞である国連は就職希望者が多いせいか、あるいは重要な業務が多いからか、ほとんど修士号以上の高学歴の人材しか採用しないといわれている。

チャン・ハナ氏は学士しか持っておらず、少女のように背も低くて、生粋の韓国人なので英語も完璧ではなかった。ところが彼女が願書を出したところ、担当者は面接もせずにすぐに働いてくれと言うのだった。

不思議に思うチャン・ハナ氏に担当者はこう言った。

「志願者はすばらしい経歴の持ち主ばかりです。ですが、面接で私たちはこんなふうに考えます。自分はこの人と一緒に働きたいかって。もしエレベーターの中に何時間も閉じ込められるとしたら、この人と一緒にいたいかってね。あなたは、私を近寄りがたく感じている他の人たちと違って、いつも明るく挨拶して、自分から近づいてきて話しかけてくれました。そんなあなたと一緒に働きたいと思うのは当然でしょう？」

アネス・アンとのインタビューで、チャン・ハナ氏は自分が国連に正職員として就職できた秘訣を「自分から近づく心」と分析した。

「一番つらかったのは私に現実的な話ばかりする人たちの言葉でした。あそこは何百分の一の倍率なのに、ありえない、大卒でエントリーすること自体が不可能なところだ、そんなふうに忠告してくれたけれど、そう言われるたびに落ち込みました。スキルは少し足りなくても、自分から相手に近づいていくあたたかい気持ちがあれば、思いもよらない奇跡を起こすこともあります。私が他の志願者より賢くて優れているから正職員になったとは思いません。先例を破ったのは、結局、〈人の心〉なんだと思います」

チャン・ハナ氏はインターンのとき、周りの人によく思われようとか、なんとかして国連に就職したいとか、そんなことを考えて小賢しくふるまったりはしなかった。ただ周りの人たちに対して、笑顔で自分から挨拶をして、心を開いて接したことで、周りが彼女の誠実さやあたたかさに気づいたのだ。

頭や理性で判断するより心で受け入れ、心の扉を開いて自分から近づくこと、それがこの殺伐とした厳しい世の中を晴れやかにし、閉ざされた扉を開ける鍵になる。

「おはようございます。今日は天気がよくて空もきれいですね。先輩のシャツの色のような青空ですね」

こうして近づくこと、それが真のコミュニケーションへの近道だ。

メンターは身近なところにいる

どんな天才でも一人で生きてはいけない。特に組織社会である会社では、人間関係がとても重要だ。

CJ人材院というCJグループの研修センターの元センター長で、現CJ副社長のミン・ヒギョン氏に会ったとき、上司の言葉を聞かせてくれた。

「今も感謝している上司に言われたことがあるんです。職場で働くには三種類の人間、〈自分を育てて適切なチャンスを与えてくれるスポンサー〉、〈相談に乗ってくれて励ましてくれるメンター〉、〈刺激を与えてくれて向上させてくれる良きライバル〉が必要だって。それがそろって初めて成長でき、職場でも充実して過ごせるんです」

私もその言葉に一〇〇パーセント共感する。韓国でスポンサーはちょっと難しいが、「メンター」は絶対に必要だと思っている。

よく、三〇年近くも会社に勤め続けられる極意を尋ねられる。公務員のような手厚い年金が出るわけでも、大学教授みたいに定年が遅いわけでもないのに、新聞社に長く勤めているのは、ただ「よく耐えた」からだ。私に忍耐力があったわけではない。アドバイスや教訓を与えてくれ、励まし導いてくれた「メンター」たちのおかげである。私があちこちにぶつかりながらミスを連発していたとき、感情的な判断をしてしまったとき、さまざまな局面でメンターたちが私を落ち着かせ、知恵を授け、引き留めてくれた。

今でも、KBSにいたチェ・チュネ先輩の助言は忘れられない。あるとき、上司に誤解されるということがあった。私はその上司に一部始終を説明して誤解を解く努力をしないで、周りの人の一言か二言でそう判断した上司を恨み、悔しがってばかりいた。

そして、その上司に呼ばれて「周りの人たちがだね……」と言われた瞬間、それまでこらえていた感情が込みあげてきて滝のように言葉があふれ出した。ふだんは興奮するとしどろもどろになるくせに、そのときばかりは心の中で「おお神よ、なぜ私はこんなにスラスラと言えるのでしょう」と感嘆するほど、はっきりと話していた。そして意気揚々とその場を去ったのだった。

数日後、チェ先輩に会って、私の武勇談（？）を伝えると、先輩は呆れかえった表情でこんなふうにアドバイスしてくれた。

「あなた、賢いと思ってたけど、本当にバカね。上司に言っていい言葉は『はい、わかりました』『申し訳ありませんでした』この二つだけよ。指示されたら『わかりました』、ミスしたら『すみません』、そう言うの。あなたがいくら悔しくて頭に来ても、とりあえず『わかりました』と答えておいて、あとでゆっくり説明すればいいのよ。それでもその上司は、あなたをかわいがっているから釈明の機会を与えてくれたんでしょう？　もし嫌ってたら、いくらでも痛い目にあわせることもできるわよね。だから、今から上司のところに行って、失礼なことをしましたと謝っていらっしゃい」

いつも堂々としている女性記者の代表格で、業界初の女性経済部長と米州局長まで務めた先輩からのアドバイスが、上司に言っていいのは「わかりました」と「申し訳ありません」だけだから謝ってこい、だなんて。

でも、それが会社員の基本的な心得だったのだ。新聞社は、社長や編集局長といった目上の人を「先輩」と呼んでもいい組織で、上下関係がないように見える。言える言葉は結局、この二つだけなのだ。とりあえずはそう言っておいて、呼吸を整えてあとから説明をすればいい。

私はチェ先輩のアドバイスに従って、口頭で言うかわりに、謝罪のメールを送った。上司も誤解していたと許してくれた。

チェ先輩にはまた、こんなふうにも言われた。

「カッとなった上司に怒られたと思うかもしれないけど、上司はよくよく考えてから怒ってるの。女性の部下に対してはなおのことそう。だから決して上司の言葉を感情的に受け取らないで。どこの組織でも上下関係はとても重要で、忠誠心が必要なのよ」

彼女の意向はどうであれ、私はチェ先輩を自分のメンターにすることにした。そして、つらいことや厄介なことがあるたびに、彼女を訪ねては適切なアドバイスをもらった。

教科書や参考書もなく、正解すらはっきりしない職場生活に欠かせないのが、そうしたメンターの存在だ。賢明な忠告と適切なアドバイス、行動の手本を示してくれるメンターが必要なのである。

こうしたメンターは、同じ職場の先輩、あるいは同業の先輩であることが理想的だ。同じ組織文化の中で似たような経験があり、避けるべきこと、上司がもっとも嫌がる行動などについてよくわかっているからだ。

同性のほうが望ましいが、異性の先輩でもかまわない。後輩から好意を寄せられたと勘違いしないクールな異性ならば。外資系企業に勤めるユ・ドンヨン氏は、前の職場で一緒だった外国人上司をメンターにしている。

「その人は以前の職場の幹部でした。彼と同じプロジェクトを任されたんですが、スマートという表現がぴったりの人でした。私はまだ入社二年目でしたが、メールで将来の相談をしたりして、その人が帰国して私が転職してからもずっとメンターとして頼っています。その人からは、職場でのノウハウだけでなく、世の中を見る目、社会人としての姿勢などを学びました。毎年クリスマスカードを送って、近況を知らせています。そんなメンターがいるのは幸運なことです」

必ずしも先輩でなくても大丈夫だ。私の場合、友人の聯合《ヨナプ》ニュースのキム・ヨンミ理事をメンターのように思っている。年齢は同じでも職場での経験が豊富で、賢明な判断力をもっているからだ。

新聞社の女性記者のテレビ出演を好ましく思わない人も多い中、キム理事は「それもあなたの能力でブランドなんだから、気にすることはない」と励ましてくれた。またちょっとしたことにも意気消沈する私に「そんなどうでもいいこと、何を心配してるの」と勇気づけてくれ、「その問題はこう処理しなさい」とメンター役を十分果たしてくれた。

最近は女性家族省でも同業種の先輩後輩をつなぐメンタリングの活動を支援しているし、社団法人ＷＩＮ（Women in Innovation）などの「働く女性」の集まりに参加すればメンターを見つけることができる。

メンターを探すだけでなく、自分自身が誠実な「メンティー〔メンタリングを通してメンターから指導やアドバイスを受ける立場の人〕」にならなければならない。メンターに対するメンティーの態度がより重要なのだ。

こちらが誠心誠意メンター役をやっても、アドバイスをきちんと聞き入れなかったり、あまりに大勢のメンターからアドバイスしてもらっているとわかったりすれば、裏切られたような気持ちになる。以下は、ある企業の次長の経験談だ。

「うちの会社は保守的で女性社員が少ないんです。特に女性の幹部は数人しかいない。新入社員のころは、仕事はもちろん、組織の中で問題が起こるたびにさみしい思いをしました。だから女性の後輩に対しては、よいメンターになってあげようと思ったんです。後輩の女性が『先輩、すごくつらいです』と言ってくるたびに、食事に誘って、夜遅くまでグチや言い分を聞いてあげて、アドバイスしました。ところがなんと、その子は先輩全員にそうやって悩みを相談するふりをして、食事やお酒をご馳走になっていたらしいんです。しかも同僚に私の悪口まで言って。そんなことを聞いたら、メンター役なんかできませんよね」

つまらない話にのんびり耳を傾けるほどメンターは暇ではない。多忙な中で会ってもらうには、漠然と「難しい」とか「どうしていいかわからない」などと訴えるのではなく、抱えている問題のポイントを伝える必要がある。また、メンターのアドバイスはできるだけ行動に移し、メンターに感謝の気持ちと忠誠心を示したい。

優れた師匠とは、弟子たちがその意向に従うときに存在感を放つように、メンティーの姿勢によってメンターの価値も変わってくる。成功者はよきメンターに出会い、最高のメンティーとして連携プレーをすることで、成功の甘い果実を共有できるのだ。

娘も今、すばらしいキャリアと人柄のメンター、キム・スンドク先生に出会えた幸運に授かっているけれど、社会に出ても、ぜひすばらしいメンターに出会い、誠実なメンティーになってほしい。

リーダーにとって自分はどんなフォロワーか

私は本が大好きでしょっちゅう本屋に行く。でも行くたびに苦い気持ちになる。イエス・キリストのリーダーシップからサーバントリーダーシップ〔アメリカのロバート・グリーンリーフが提唱したリーダーシップ哲学。「リーダーは、まずは相手に奉仕し、その後相手を導く」という考え方〕まで、なぜリーダーシップの本が何百種類もあるのか。大学に行っても、「リーダーシップ課程」「リーダーシップ特別講座」など、リーダーシップへの関心と熱はとても高い。

韓国の国力は何より人材である以上、優秀なリーダーを大勢輩出しなくてはならないが、猫も杓子もリーダーになりたがり、全員が社長だけを目指し、学校では全員が学級委員になろうとすれば、世の中どうなってしまうのだろう？

ロベレ将軍の話を紹介しよう。第二次世界大戦当時、ドイツ警察は人格者として知られているレジスタンスのリーダー、ロベレ将軍そっくりの詐欺師を検挙する。偽物とわかってがっかりした警察は、逆に偽物を利用することに。彼を捕虜収容所に連れて行き、堂々とするどころか頼りない将軍の姿を見せれば、捕虜の士気も低下して管理しやすくなるという計算だった。ニセの将軍にはまもなく死刑になるという事実だけを知らせて、収容所に連れて行った。

偽ロベレは、カンカンに怒るか、反対に舞い上がってしまうと思われたが、意外にも勇ましかった。捕虜たちは自分たちの英雄が現れると、将軍の靴のほこりを落とし、心からの敬意を表した。

捕虜同士で喧嘩になると、ニセのロベレ将軍が割って入って仲裁し、死の恐怖におびえる者を勇気づけて励ました。そしてついに死刑執行のとき、ニセのロベレは毅然《きぜん》とした態度で堂々と処刑場に向かい、ドイツ警察にこう言った。

「一〇万もの捕虜の労働者が尊敬のまなざしで見つめてくれ、本物のロベレ将軍だと信じて心から尊重してくれた。無実の罪で無念にも死んでいく人たちもいるのに、彼らの英霊に恥じぬようにしたいと思った」

偽物だったとはいえ「英雄」として崇められてからは、英雄らしくふるまうよう努力し、英雄らしく逝ったニセのロベレ将軍。彼を本物のロベレ将軍のごとく逝かせたのは、彼を英雄扱いしてくれた捕虜たちの「フォロワーシップ（リーダーを補佐する力）」だったのだ。

「リーダーシップ」の話はさんざん耳にするが、フォロワーの役割については知ろうとも、関心をもとうともしない。だが、「フォロワーシップ」はリーダーシップに劣らず重要なのである。

ある研究によれば、組織の成功の秘訣は、リーダーがせいぜい二〇パーセント、残りの八〇パーセントはフォロワーにあるという。現在は社長であっても、社長でいる時間より過去に一般社員、つまりフォロワーとして働いた時間のほうが長いのだ。

天才的なリーダーの創造的なリーダーシップと忠実なフォロワーシップが組み合わされてこそ、成功する組織になれる。

ソクラテスは優れた学者として、弟子たちに対してリーダーシップを発揮したが、無念にも死を迎えるときには「悪法もまた法である」という指導者の言葉に従った。

李舜臣《イ・スンシン》将軍も濡れ衣を着せられ激しい拷問を受け、官位を持たない状態で戦地に赴くという屈辱を受けたが、朝鮮の水軍がほぼ全滅するという状況で再び「三道水軍統制使」という役割を命じられたとき、進んでそれを受け入れ、鳴梁海戦を勝利へと導いた。

「真のリーダー」になるには、まずは、優れたフォロワーシップを身につけることが必要ではないだろうか。どんなリーダーもフォロワーの時期を経なければリーダーにはなれないのだから。

では、優れたフォロワーシップを引き出すには何が必要だろう？ まさに自分がしてほしいことを目上の者や下の者に対して実践することだ。

韓国では、じゃんけんの「グー」は王権、「チョキ」は賢人、「パー」は民衆を象徴すると言われている。

「グー（王権）」は「チョキ（賢人）」に勝つが「パー（民衆）」には負け、「チョキ（賢人）」は「パー（民衆）」には勝つけれど「グー（王権）」には負け、「パー（民衆）」は「チョキ（賢人）」より弱いが「グー（王権）」より強い。自分がリーダーにしてほしいことを自分のフォロワーにしてやり、下の人間にしてほしいことをリーダーに対して実践すればいいのだ。

組織でチーム長やリーダーとして優秀に仕事をこなすことも重要だが、他の人がリーダーになったらそれに従う姿勢も必要だ。フォロワーはリーダーの目標や指示を冷静に検討し、よりよい意見を出すよう努力するが、いったん決定が下されたらベストを尽くしてやり遂げる。

リーダーに対してただ服従しろというのではない。必要とあらば、建設的な方法でリーダーに問題提起をし、すでに決定事項だったものであっても再検討するような提案を行うこともできる。そういう過程で、将来は真のリーダーになる資質を身につけることもできるのだ。

だが「ええっ？　それはないでしょう」とか、「そんな仕事、振らないでくださいよ」と不平不満ばかり漏らして、組織の雰囲気を悪くするだけで、自分自身はまったく成長できない人もいる。

協力的なフォロワーには別の分野のリーダーを任せるということもある。だから自分が上に立つ前に、相手に従って相手を尊重するやり方にも慣れることが大切だ。

「人に従うことを知らない者は、よき指導者にはなれない」

これはアリストテレスの言葉だが、この言葉は二一世紀にも非常に有効だ。導くより、まずは従うことを学んでほしい。

第三章　水曜日

そうするべきじゃなかったのに

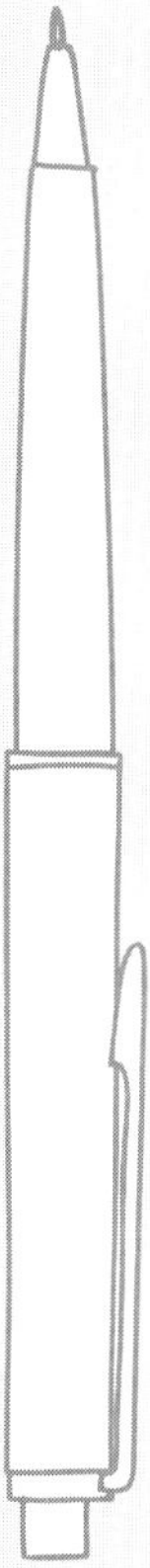

せめてゲームのルールは知っておくべき

韓国初の女性大統領が誕生し、「女性初」と形容される女性たちが大活躍している。驚くべき変化じゃないだろうか。

でも小学校の学級委員から、大学入試、各種試験、陸軍士官学校の首席合格までをさらってきたアルファガールたちが、ビジネスの世界では、いまだにアルファウーマンに成長できていないのが現実だ。

優れたスキルをもち会社への忠誠心も高いのに、企業における女性幹部の割合はなぜ、いまだに一桁台なのだろう？　組織には、男たちがつくった「ガラスの天井」が本当にあるのだろうか？

三〇年近く会社勤めをしてきたことで、ようやく私はその答えがわかった気がする。

女性たちは会社で通用する「ゲームのルール」を知らないのだ。組織の一員として、任された仕事に全力投球するだけで、組織の原理や仕組みをわかっていない。

自分を組織のただの部品にしているのは、女性自身だ。どんなに性能が優れた部品でも、結局はいつでも他の部品に取り替えられるということを女性たちは知らないのだ。

子どものころから「宿題全部やったのね」とか「いい子だね」などと言われてきた女性たちは、褒められると神がかった巫女《みこ》のように祝詞《のりと》を上げて鈴を振り、大いなる力を発揮する。職場でも、「いい人だね」とか「ありがとう」といった言葉に、残業もいとわず、点滴を打ってでも闘魂をみなぎらせる。そして、誠実な人だと認められて満足する。

冷たく殺伐とした組織社会はよく、ジャングルにたとえられる。あちらこちらに毒蛇やハイエナがうようよして、いつどこから毒矢が飛んでくるかわからない。

それなのに女性たちは、そこは愛に満ちた花園だと思っている。自分がせっせと水をやり、歌を歌えば、つねに美しい花が咲くだろうと信じている。ところが、後ろから飛んできた毒矢が刺さって「悔しい」と叫んだところで、すでに毒は全身に回ったあとだ。

『能力があれば成功できると思っていた』(未邦訳)という本を書いたドイツのコーチング専門家、マリオン・クナーツは、職場で「成功街道を走る人」と「不平不満が多い人」との行動の違いを数年間にわたって分析した。

その結果、驚いたことに、業務処理能力の高さは成功の秘訣のすべてではなかった。意外にも、成功を左右するのは「意思の疎通」というポイントに集中していた。

ところで、真の意味での「意思の疎通」とは、「自分が言いたいことを相手に伝える」ことではないという。「相手が言ってほしいことを言ってあげる」ことだ。組織が求めること、組織のルールに忠実に従うことが意思の疎通なのだ。

ところが、多くの女性は自分の言いたいことだけを言い、自分の仕事だけをこなしてベストを尽くしたと思っている。


Aという女性社員の例を見てみよう。Aは誰もが認めるほど誠実で力を尽くす社員だった。仕事が大好きで、実際に結果も出していた。部長になってからは、後輩たちから「魔女」と言われるほど業績を伸ばした。休暇も返上して新しい仕事にも挑戦。

独身の彼女は休日出勤して遅くまでオフィスに居残った。

当然、彼女のいる部署は業績がトップだった。上司たちも「わが社の宝だ！」と彼女の実力を認めた。

ところが、彼女の同期が幹部に昇進したというのに、彼女は部長のままだった。最初は「仕事が好きだからがんばったのであって、昇進したくてがんばったわけじゃないから」と言って自分を慰めたが、二度も昇進リストから外された。おまけにとんでもない部署への異動を言い渡された。

悔しくてやりきれず、人事担当の常務を訪ねて相談すると、こんな答えが返ってきた。

「A部長が一生懸命なことは、よくわかっていますよ。でも、組織というのは働きバチだけを必要としているのではないんです。部員からは仕事をさせすぎだと不満の声が多く、ほかの部長たちもあなたの口調がきついので話したくないと言っています。幹部社員は周りの意見を聞き入れなくてはなりません。後輩をまとめ、同僚ともうまくやる必要があります。今度の部署では組織改革を行って、A部長のイメージも変えてみてください」

彼女が書類の山に埋もれていたとき、同僚の男性たちは会食の席で部下のグチを聞いてあげたり、上司の悪口を代わりに言ってあげたりした。

男性の部長たちは幹部とたびたび飲みながら「Aは一生懸命だが、独りよがりだ」とそれとなく陰口を言ったので、Aの信頼度はダウンした。あとからそれを知ったAはショックを受けたが、残ったものは、胃の病気と心の傷だけだった。

彼女は必死で仕事をする「働きバチ」だっただけで、「女王バチ」にはなれなかったのだ。

フレットグループのCEOでコンサルタントでもあるクリストファー・V・フレットは『働きウーマン成功のルール』（実業之日本社）という本で、男性がつくったビジネスの世界での「ゲームのルール」を教えてくれる。

彼が伝える職場でのゲームのルール、アルファメイル〔仕事のできる男〕の原則は、女性にはとても居心地の悪さを感じるものだ。

たとえば、男性は組織に溶け込むより、まず目立とうとする。自分が直接行わず、あくまで指揮棒をもったリーダーになる。結果を出すためにエネルギーを注ぐ。相手を陥れるときは無慈悲になる。転んだ人を助け起こし、その人を自分の側につける。どれだけ稼ぐかで評価される。自分の価値と力を外にひけらかすような肩書きが好き、といったルールだ。

一方、女性たちはどうだろう？　仕事上の弱点を指摘されると感情的に受け止める。自己防衛のために高圧的になったり、逆に優柔不断な女性版イエスマンになったりする。性的な魅力を武器にしたり、母親のように世話を焼こうとしたりする。家のことなど個人的な問題を職場に持ち込み、同僚とプライベートな秘密を共有しようとする。

これらこそが、大半の女性たちが墓穴を掘る理由だとフレットは指摘する。

韓国は法的にはほぼ完璧な男女平等国家だ。男女雇用平等法をはじめ法的に女性が不当な扱いを受けないような仕組みになっている。だが相変わらず、漫然とした男尊女卑の思想や、しばらくは変わりそうにない固定観念がいたるところに落とし穴のように残っている。

新聞社のある女性幹部は「女性たちに男性化しろと言うのではなく、少なくとも自分たちがゲームのルールを覚え、同じ条件下でゲームをすることが被害者にならない道だ」と話す。

「すでに長いこと職場生活や組織文化に馴染んできた男性たちは、話し方からして違います。決して『こうしたらどうでしょう?』などとは言わずに『こうするのがいいんじゃないかと思いますよ』とはっきり表現する。だから、きちんと自分の考えをもっているように聞こえるんです。

また上司から同僚のことを聞かれたときは決して『性格が悪くて毎日後輩とケンカしてます』などと直接非難したり悪口を言ったりはしない。『とてもまじめでいい人です。ただ聞くところによると後輩とちょっともめることがあるようです。直接見たわけではないですが……』というふうに、それとなく非難しながらも、自分の抜け道はつくっておくんですよ」


言い方も大事だが、自分が属している組織のルールを知り、その組織がどんな方向に向かっているのかを知っておく必要もある。会社の経営状態、経営陣の交代、社員の雰囲気などを把握することは決して「業務外の仕事」ではない。

どんな機会でも、人事担当に自分の存在をアピールし、どういった才能があるのか知ってもらう努力をする。それは決して「社内政治」ではない。

ガラスの天井は男性たちがつくったものだとしても、「ガラスの天井があるんだから無理」とグチるより、果敢に天井を破る勇気をもってほしい。女性も自分がナイフをもっていることを時には知らせる必要があるし、毒矢を放たれたら、槍で打ち返す瞬発力も必要だ。

女性がせっせと料理をつくって整えたお膳に、ただ箸を並べただけで「僕がつくりました」と主張する男性たちに、いつまで功績を横取りされ続けるのか。

ゲームを始める前に、まずはそのルールを熟知すべきではないだろうか。

もはや「ガール」ではないのだから

韓国中が少女たちに夢中になっているようだ。アイドルグループ〈少女時代〉から〈Girl's Day〉にいたるまで、「ガール」にすっかり熱狂している。

中年のおじさんも娘の友人の名前は知らないくせに、ティファニー、ジェシカ、テヨンなど少女時代のメンバー全員の名前をすらすらとそらんじて、どの子がかわいいだの、脚は誰が一番スラッとしてるだの、うっとりしている。

どんなに童顔メイクをして若々しい格好をしたところで、彼女たちのようになれるわけもない私は、もはや嫉妬する気にもならない。私ですら、彼女たちのキュートで愛らしい姿や見事なダンスには目を見張るのに、若くてかわいい女の子が大好きな男性たちがどれだけ魅了されているかは想像に難くない。

若い女の子たちの純粋さ、清純さ、明るさ、かわいらしさ、愛嬌、健康美は、この暗い時代に清涼剤の役割を果たしてくれる。通りで陶磁器のように白く透き通った肌の女の子たちが明るく笑っている姿を見ると、ため息が出るほどうらやましく、気持ちも華やぐ。彼女たちに目を輝かせて何かお願いされたら、聞いてあげたくなるだろう。女優のキム・ヘジャのように年を重ねても少女のような純粋さを持ち続けている人を見ると、うらやましいとも思う。

とはいえ、職場では、「少女らしさ」は家に置いてきてほしい。大人である社会人が働く社会はプロの世界だ。

特に職場は、たびたび強調してきたように、チョウが美しく舞う花畑ではなく、ハイエナや毒キノコだらけのジャングルだ。未成年者同士がつるむサークルではなく、「大人の戦場」なのだ。職場で「私は永遠の少女」と主張するのは、迷惑を通りこして犯罪に近いと思う。

仕事上のミスを指摘されただけで、涙で顔をぐちゃぐちゃにする女性、ミスすると子どものように舌をぺろっと出して、「やだあ、知らない」と胸を揺らして愛嬌だけで勝負しようとする女性、まるで小学生みたいに同僚のミスを上司に言いつける女性、仕事の基本的な技術や内容を覚えようとせずに、周りに頼りきりの女性……。

いまだに自分は少女だと思い込み、愛嬌とかわいらしさを武器にするのにも呆れるが、大人であれば自分で十分処理できることを、あちこちに相談したりお願いしたりして回るのは、会社にとって有害だ。

こういったエセ少女たちは「言い訳の女王」でもある。遅刻したり、仕事でミスしたり、団体行動に参加しなかったりしたときなど、驚くほどたくさんの言い訳を用意している。

「来るとき交通事故を起こしてしまって」（必ず舌足らずで言う）「ヨンフンさんが代わりにまとめてくれるというので、お任せしたんです。私は知りません」「家が厳しくて外泊は絶対禁止で修学旅行にも行けなかったんです。だから、今度のワークショップにも行けません」「低血圧で朝に弱いんです」などなど。言い訳や理由もじつにさまざまだ。

部下が会話に加わってくれないと上司は傷つくものだが、「申し上げたいことがあるんですが」とたびたびやってきては「これ、私がやらないとダメなんですか？」とか「席を変えてもらえませんか。サムスンさんと一緒の席は耐えられません」などと訴えられるのも、上司にとってはとてもきつい。

親しい女性幹部の告白を聞いてみよう。

「最近、会社に行きたくなくて。新しい担当部署の女性社員が、出勤するなり私の席に来て『あの〜』と内緒話をしてくるんですけど、口臭がきつくてつらいんです。話の内容も、誰でも知ってるようなゴシップや同僚の陰口。あるとき、資料の数字が間違っていたので、その女性社員に指摘したらわんわん泣かれてしまって。マスカラがにじんで、とんでもない顔になってました。

叱ると、『私の謝罪《サグァ》を受け取ってください』とメモ付きのリンゴ《サグァ》がデスクに置いてあって。愛嬌のつもりだったんでしょうけど、ますます引いてしまいます。情緒の発達が中学生レベルで止まってるんじゃないかしら。次の人事異動のときは絶対に他の部署に行ってほしいんだけど……」

本人はずいぶんかわいらしいと思っているようだが、実際、人から呆れられることほど、惨めなことはない。

娘も私に叱られると、「まだ私、子どもだよ。間違うことだってあるでしょ?」とぶつぶつ言い、なかなかできないことがあるたびに「ママやって!」と、か弱いふりをする。それなのに何かを制限したり、禁止したりすると「私ももう大人なんだから、そんなことまで強要しないでよ」と言うありさま。母親である私は、今のところはまだ娘が無条件にかわいいから、むかむかしながらも我慢しているが、社会に出ればそんなふうに甘やかしてくれる人は誰もいない。

かといって、男の子みたいにタフにふるまえとか、大人びたふりをしろというのではない。少女のような透明でやわらかい感性をもったまま、自分の言葉と行動に責任をもって堂々とふるまってほしいということだ。

意味のない愛嬌や甘えでほかの女性たちに迷惑をかけてはいけない。自分では愛嬌やかわいらしさが魅力だと思っていても、それが社会にとっては公害になるときもあるのだから。

ドラマに泣いても、オフィスでの涙は禁物

娘は人一倍泣き虫だ。

小学校の卒業式でも、夫婦で「私たちのときは友だちや先生との別れが悲しくて泣いたけれど、最近は泣く子がいないね」と話しながら娘を探したが、どこにも見当たらない。友だちに聞くと、教室で一人で泣いていると教えてくれた。いつだったか、家に帰ったら娘が泣き腫らした目をしていて、何か大変なことがあったのかと思ったら、見ていたドラマのヒロインが死んだので泣いていた。

音楽がもの悲しくて……。月明かりがうっとりするほどきれいで……。昔の友だちを思い出して……。何かにつけてすぐに泣く娘。それだけ感受性が豊かで感情表現が自由なのは喜ばしい。泣くことで体内の悪いホルモンが排出され、心身の健康にいいからだ。

ドラマを見ては泣き、少しのあいだ私と離れる旅行に出発する空港でもぼろぼろ泣いて、映画のワンシーンのような場面を演出する娘。水道の蛇口みたいにいつでもひねれば涙が出る娘がうらやましい。私など今や、あくびをするときしか涙が出ない。

でも、職場では決して泣いてはいけない。泣くとそれだけで、理性的でなく感情的に見える。どんな状況でも先に泣いた人がゲームに負けたとされるからだ。

キム・ヨナ選手のように勝利の金メダルを首に下げて、国歌が鳴り響く中で流す涙は貴く美しいけれど、叱られたりミスしたりしたあとに、あるいは困った状況から逃れるために涙を利用するのはいただけない。

私も働きはじめのころ、つまらないことにもすぐに泣いていた。上司に叱られただけで、先輩から指摘を受けただけで、原稿をくれるはずの小説家が約束を守らないだけで、地団駄を踏んで涙を流した。今や、涙腺が乾いてしまったこともあるのだろうが、よほどのことがなければオフィスで涙を見せることはない。

女性は涙が最大の武器だと考えがちだ。悲しいときだけでなく何かを要求するときも、涙さえ流せばたいてい要求が受け入れられるからだ。

女の涙の前では、実際、ふだんは強くて怖い人でさえ弱くなる。父親はこれ以上娘に新しい服は絶対に買ってやらないと言いながら、泣かれれば「おい、泣くな」とお金をくれるし、先生に叱られたときも、泣いてしまえば「わかった、わかった」と家に帰してくれた。腹を立てた恋人とも、やはり何粒か涙を流してみせれば「俺が悪かった」と立場が逆転するのだから、涙ほど役に立つものはない。

でも職場での涙は致命的な弱点だ。それでも新人時代は「まだ入ったばかりで、びっくりしたんだろうな……」と涙する姿に周りも胸を痛め、大目に見てくれるだろうけれど、三、四年経っても泣いていると「呆れた泣き虫」とレッテルを貼られる。

上司が仕事で部下を叱るのは、上司の権利であり義務でもある。叱られると男性社員は、本音はどうであれ、「申し訳ありません。以後気をつけます」と即答する。どんなに上司が「おい、おまえ、これが資料と言えるのか！」とか「呆れたやつめ、おまえの頭は枕にのせるためだけのものか」などと侮辱しても、泣いたり腹を立てたりすることはない。それどころか、にやっと笑って「もう一度やります」とクールに答える。

一方、女性社員は仕事上のミスを指摘されただけなのに、まるで人格を否定されたかのように表情をこわばらせ、すぐにぼろぼろ泣いてオフィスを飛び出し、ドラマのようにしてしまう。念入りに塗ったマスカラが取れて、ホラー映画の主人公に変身すれば、叱った人や周りの同僚までもが、にわかに自分が悪者になったように感じるだけで、肝心の問題はちっとも解決しない。

泣いている社員を無視することもできず、慰めると、それはそれで上司の目が気になって、社内の雰囲気もピリピリしてくる。自分の犯したミスと自分自身とを分けて考えられないという女性たちの弱点のせいなのだが、どんな状況でも涙で解決しようとするのは大きな問題だ。

上司は、よく泣く女性社員は叱らなくなる。だが、重要な仕事も任せなくなる。ミスを指摘して、周りから「女性社員を泣かせる人」と思われるのは恐ろしい。そんな気まずい状況をまずつくりたいと思わない。

ある大企業の女性部長は、「職場の女性の涙は、扉を開ける鍵ではなく、自分を中に閉じ込める錠前です」と言っていた。私もその意見に全面的に賛成だ。

「新入社員のころは、泣こうが笑おうがミスをしようが許されるし、かわいいものです。でも課長代理クラスの女性がミスを指摘されただけで泣くなんてとんでもありません。感情もコントロールできない人間だと判断され、重要な仕事など任せられません。正直、こちらは部下を叱るときにはそれなりにじっくり考えたうえで話を切り出しているのに、思春期の少女のように泣かれたら、呆れます。男性が職場で涙を見せたときにはむしろ感情が豊かな人だと思われることはあっても、女性は涙をこらえるべきです」


だが、職場では笑っていられることばかりではない。悔しくてやりきれず、もどかしくて涙を流すだけでは足りずに、大声で泣き叫びたいこともある。それでも泣いてはいけないのだ。

どうしても泣きたくなったときは深呼吸をして、舌や唇をかみ、いったんその場を離れ、トイレや屋上など一人になれる場所で泣いてほしい。そのときは思い切り泣こうが、泣かされた相手を呪おうが、どんな文句で悪口を言おうが自由だ。

ある企業の人事担当者の話は、会社で働く女性にとっては貴重な助言だろう。

「入社三、四年目くらいになると、同期の社員たちもそれぞれの道を歩きはじめます。能力を発揮して早々とチャンスをつかむ人もいる一方で、やることなすことうまくいかず、上司にいびられてばかりの人もいます。チャンスをつかんで勢いに乗る人は、ますます自信がつきますが、そうでない場合、どんどんやる気も失いがちです。

ところが女性社員は仕事がうまくいかないと感情的に対応することが多いです。その象徴が〝涙〟です。泣かずにいられないというのは理解できないこともないけれど、職場ではできるだけ涙を見せるべきでないというのが私の持論です。どんな職場でも、泣く部下は信頼できないからです。

女性社員が泣けば上の人は瞬間的に『自分が何か悪いことをしただろうか』と申し訳なさを感じ、その場でそれ以上話ができなくなります。そんな状況が繰り返されると、よく泣く人は教育してもらう機会を失うことになり、仕事に対する正確な評価の機会も失います。結局、残るのは『あの子はすぐ泣く』という冷たい評判だけです」

では、職場で頭にきたりストレスを受けたりしたときでも泣かないためにはどうすればいいだろう。二〇代で感情を完璧にコントロールすることなど不可能だ。

私の考えでは、自分がしたことや自分の立場を客観的に見つめ、第三者の立場に立って相手の話に耳を傾けるといい。相手は悩んだ末に叱ったはずなのだから。

どう考えても不当な扱いを受け、上司や相手の態度がひどすぎると思ったら、直接訪ねていって「何が間違っていたか、もう一度考えてみます」と言い、しばらく呼吸を整える余裕をもとう。お茶でも一杯飲んで落ち着いて冷静になる時間を設ければ、もう一度話さなくても誤解が解けることが多く、実際には自分が間違っていたことにも気づけるだろう。

とはいえ、それも簡単なことではない。冷酷なイメージの中堅の女性政治家も何かにつけて会議場で泣くという噂だ。感受性が豊かなせいなのかもしれないが、実際に、政治家や記者たちは「彼女は毎日生理なのか、それとも更年期かもしれないな。いつ泣きだすかわからないから、話しかけるのも難しい」という反応だ。

本来、涙はとても美しいもの。感情が高ぶった絶頂の瞬間の悲しみや幸せの涙は真珠よりも貴い。でも、ちょっと誤解されて叱られたからといって流す涙は鼻水以下。

だから、悲しいドラマを見て泣くのはいいけれど、凄絶なドキュメンタリーの現場であるオフィスで泣いてはいけない。オフィスで泣く人は、試合の敗者か感情コントロールができない子どもに見えるだけだから。

どうか、喜びと勝利の涙だけを流してほしい。

「会議」が苦手な女たち

とても不思議だ。女性たちは一時間ドラマ一本の話だけで三、四時間は余裕でおしゃべりに花を咲かせる。それに弟や妹、夫に対して何かを指摘するときは、じつに理路整然として、その言語能力には驚くばかりだ。ところが私的な場所ではあれほどすらすらと話していたのに、公の場所で話すときにはどうしてあんなに委縮してしまうのだろう。

「私の話や意見なんか聞いてもらえませんよ。会議で私が発表しても、関係ないって顔でムスッとして見るくせに、同じ意見を男性の同僚が言うと、そうだ、そのとおりって同意するんですから。私の話なんか聞こえていなかったみたいに。私の意見を尊重してもらえるのは、お昼やおやつを選ぶときだけじゃないでしょうか」

大企業に勤める女性の訴えだ。部長は自分の意見より男性の部下の言葉に相槌を打つことが多く、やってられないという。そろそろ辞表を出すことまで考えているようだ。

彼女だけではない。これでは会社に対して何のビジョンももてないと、多くの女性が社内で何かを主張することに苦手意識をもっているようだ。なぜだろう？

何より、二一世紀になった今でも社会は男性中心で、女性の声は少数派にすぎないという偏見が根強い。女性がすばらしいアイデアを出したとしても、それを尊重し、快くそれに従える男性の同僚はまだ多くない。それとなく無視しようとする傾向が強いのは事実だ。

その意見にひそかに共感し、内心驚きながらもそれを表現しない。男のつまらないプライドのせいでできないのだ。そして女性たちが小さな震える声で述べた意見、上司が注目しない意見を、しばらくすると自分が考えたアイデアであるかのように堂々と語る。ああ、なんという連中だ！

でも、本質的な問題は女性の側にもある。女性はおしゃべりは得意だけれど、討論や会議といった場には弱い。芸能人やブランドものの話をするときはさまざまなたとえや、よどみない話しぶりを披露する女性たちも、会議の席や上司に業務報告をするとなると、声がかすれたり、舌足らずな言い方をしたり、「それでですね」とか「どうしてかといいますと」など、不要な前置きをつけることが多い。

また女性たちは、何か意見を言って失敗したらどうしようとつねに不安に思っている。間違ったときにはカワイコぶって舌を出す、ミスを指摘されたら顔を赤くして怒りだすといった具合に、表情に感情がそのまま出てしまうのも女性たちに共通する。また自分が話すことしか考えられず、他人の意見が耳に入ってこないで、同じ内容を繰り返してしまって笑い者になることもある。

「きちんとうまく伝えなければいけないという強迫観念をもちすぎると逆にうまくいきません。コミュニケーションのプロとは、独特なしゃべり方をする人ではなく、自然に話せる人たちです。会議の席だからとあまりに事務的な口調で堅苦しく話すよりも、気楽に話すほうがうまくいくし説得力もあります」

これは、世界的な化粧品ブランドのエスティローダーで人事担当の幹部として働き、現在はコーチングの専門家として活躍するオ・チョルスク氏のアドバイスだ。

女性たちは「きっと失敗する。女だから、たとえ言ったところで無視される」という否定的な自己暗示をかける癖を捨てるべきだ。そして自分の意見をしっかり主張するには、ふだんから同僚たちとの率直な会話を心がけ、リラックスした状態で自然に話すことが大事なのだ。

女性が会議でやりがちな致命的なミスの一つが、男性社員や上司の話を額面どおりに受け止めすぎるということ。会議に出席すれば、その会議をとりしきる上司は遠慮なく意見を交わしてほしいと言う。

ふだん、幹部と会話する機会も少なく、私的に飲みに行くこともあまりないので、言いたいことが溜まっている女性たちは、無邪気にも「遠慮なくどうぞ」という言葉に堰《せき》を切ったように話し出してしまう。

「さきほどキム部長がおっしゃったことは間違っているように思います。実情をご存じないからです」「わが社は福利厚生がなっていないと思います。恥ずかしいくらいです」「私がつね日ごろ見ているところでは……」「これは今回必ず是正していただきたいのですが……」

言っていることは正しく会社の発展に寄与する発言であっても、会議の席ではその場にいる人たちを攻撃したり、会社を非難する発言、つねづね改善してほしいと思っていたことなどをそのまま口にしたりしてはダメなのだ。

男性たちは会議では決して相手の神経に障るようなことを発言しない。それが男たちのルールであり、慣習だ。

さまざまな意見を出しあってもっとも望ましい方向にもっていくのが会議の目的である。だからこそいまだに、ほとんどの会議は、上司が一方的に伝達し、部下は上司のすばらしい見識や指導に感嘆することで終わる。

新聞記者として働いたあと大企業の幹部になったある女性は、転職後にもっとも適応できなかったのが「会議」だったという。

「最初は、会議で意見を出して存在感を示さなくてはという強迫観念から、会議でとにかくしゃべったんです。提案したり、問題点を指摘したり、反対意見を述べたり……。ところが、そんなふうに周りをはばかることなく話しているのは、私だけだったんです。男性たちは、会議が終わってから、『常務、お話があるんですが』とか

『そうだ、さきほど言い忘れたんですが、書面で提出してもいいですか』と事後処理をしているんです。会議の席で相手を赤面させるような話は決してしない。会議はそれこそ会議のための場でしかなく、問題解決はそのあとに行われるんです。女性はそのことをよく知らないから、恨みを買ったり挫折したりするんじゃないでしょうか」

会議で言えなかったことは、あとからいつでも伝えることができるが、会議でいったん発言してしまった言葉は撤回できない。会議では、できるだけうなずいて、同調するという視線を送り、モナ・リザのようにあいまいにほほえんでいるほうがいい。もしも自分が言ったことを男性社員が自分のアイデアであるかのように話したとしても、「ちょっと、それはないでしょ」などとあわてないことだ。かわりに笑顔で「あら、○○さんも私の意見に同意してくださるんですね。ありがとうございます」と言おう。

真の実力は、会議ではなく、仕事で見せつければいい。残念ながら韓国では、まだまだ遠い現実だ。

自分が言われたらどう思う？

親しい後輩が、そのうち食事でもしながら噂話に花を咲かせましょうと言って誘ってきた。実際、他人の噂話ほど面白いものはない。芸能人についてはもちろんのこと、友だち、同僚、遠い親戚まで、他人にまつわる話に、私たちはじつに多くの時間を割いている。

「あの子、完全にアンドロイドだわ。二重まぶたの手術に鼻もいじってるし。高校の卒業写真見たら、誰かわからないんだから」「キョンジュに聞いたけど、ヨニって相当の男好きなんだって。二股は当たり前で、利用価値がある男はどんなことしてでも自分のものにするらしい」「世の中って狭いわよね。昨日、おばに会ったんだけど、ジュヒのお母さんっておばの後輩なんだって。で、ジュヒのお母さんは正妻じゃないらしい。つまりジュヒは愛人の息子ってわけ」

五〇年以上生きてきて〝天命〟を知る年になった私も、相変わらずこんなふうに他人の噂話にうつつを抜かしている。母親として、社会の先輩として、なんとも恥ずかしい話だけれど。

ところが、こんなふうに他人について何も考えずに、あるいはほんの少しの棘《とげ》を含んで言った言葉が、あとから大惨事を招くこともある。その後、三者で会って大喧嘩になった人もいれば、数十年続いた関係を断った友だちもいる。話が誤解されて伝わったせいで離婚した夫婦も見てきた。極端なケースだが、陰口を言った友人を殺害したという事件すらある。

あらゆる情報が集まるマスメディアに勤めていると、さまざまな噂を耳にし、それを伝える立場にもなるが、いざ自分の噂話を耳にすると頭に血が上りそうになる。それが悪意から出た話でなく、さらにはまったくのでたらめでなかったとしても。たとえば、こんな噂だ。

離婚した（仕事が多忙で社会で活躍しているから家庭生活を維持できなくなった、と推測したようだ。うちの夫婦がどれだけ怠け者か知らないのだ）、整形手術を受けた（生まれつき二重の目で鼻筋が通っているが、不自然に見えたのだろう）、新聞社以外の副業で月に数千万ウォン稼いでいる（たしかに副収入は多いが、そこまでではない。言霊《ことだま》で、この噂が現実になってほしいと切に願う）、欲張りだ（あれこれいろいろやるからだろうが、それは優柔不断で断れないからで、欲は食欲くらいしかない）、運転手付きの高級車がある（私は運転できないので、外部に講演に行くときは依頼主が車を出してくれた。レンタカーはどれも高級車だ）……。

こういう噂は親しい人の口から出ることもあり、それを知るとよけいにがっかりする。

それで、自分が誰かの話をするときには本当に慎重に、よく考えてから話そうと決心した。娘は母親の私に比べて他人の噂話に関心がない父親の遺伝子を受け継いだようで、幸いなことに誰かを責めるということをあまりしないが、社会に出れば自然と噂話に巻き込まれるかもしれない。

噂話をしたくて口元がむずむずして、周りから「ねえねえ話してよ、知ってるんでしょ？」とつつかれても、口を開く前によく考えてほしい。その話が誰かの名誉を損なわないか、事実にもとづいているとしてもよくない話ではないのか、ただの噂で事実ではないのではないか。そういったことを慎重に検討すべきだ。

スイスの神学者、ジョナサン・ランバートも「たしかでなければ人の欠点について語るべきでない。たしかであったとしても、何のためにその話をするのか、自分に問うてみよ」と言っている。

だから私は〈ヘアニュース〉というヘアサロンのイ・シンジャ氏とスタイリストのチョン・ユンギ氏を尊敬している。そのヘアサロンには韓国の名だたる財閥の家族が出入りするし、トップスターたちも常連客だが、一度もその店からゴシップが流れたことはない。イ氏の徹底したセキュリティと重い口のおかげだろう。

キム・ヘス、コ・ソヨン、クォン・サンウ、チョン・ウソンなど、有名な芸能人たちのスタイリングを一手に引き受け、彼らと一緒に生活しているかのようなチョン・ユンギ氏は、芸能人のプライベートもあれこれ知っているはずだが、「どうやって秘密を守るのか？」という私の愚問に笑いながらこう答えてくれた。

「僕のお腹が出ているのはお腹の中に秘密がぎっしり詰まっているからだそうです。

僕を信頼して話してくれるのだから、絶対に人には言いません」

悪意がなく、事実どおりにこれならいいだろうという話をしても、それが結果的にその誰かを傷つけることもある。

「昨日、局長の家に行ったら、食事まで用意してくれて、インテリアのセンスもすばらしかった」

これはいい話に違いないが、招待されなかった人は疎外感を抱くだろう。


ではいったい、どんな言葉をどう使えばいいのだろう？　地球温暖化、北朝鮮の核問題、エコロジー、貧しい国で飢餓に苦しむ子どもたち、難解な哲学者たちの理論、フロイトとユングの心理学などについてだけ話せというのだろうか？　もちろんそうではない。他人の噂をまったくしないのは不自然だ。

ただ他人の話をする前に、もしその人が透明人間になって聞いていたとしても、それでも堂々と話せるかを考えてみてほしい。また、誰かが自分の噂をしていたと小耳にはさんだときにどんな気がするかを想像して、どうしても言っておくべきことだけを話すほうがいい。

自分について自慢したいがために、他人の話を報告してくる人もいる。自分はちょっといい気分になれるが、それを聞いた人の心境はどうかと考えよう。

パスカルもこう言っている。「すべての人が互いに相手のことをどう言っているかを知ったなら、この世に四人以上の友人はできないだろう」

聖書の言葉どおり、自分がしてほしいことを人にもしてあげるように、自分が言ってほしい言葉を周りにも言ってあげればみんなが幸せになる。

誰々は本当に親切だ、誰々は懐が深い、あの人は本当に義理がたいなど、いいことだけ言って生きたとしても人生はあまりに短いのだ。

最初は、わざとらしくてぎこちなく聞こえるかもしれないが、言い慣れてくれば表情も変化し、人生も変わってくるだろう。私の話ではなく、立派な哲学者たちがそう言っているのだから間違いない。私自身も、死ぬまでもっと努力しなくては……。

陰口に巻き込まれないためには

どんなに他人を褒めて、一貫して控えめな行動をとったとしても、噂話のまな板にのってしまうこともあるし、一緒に陰口を言っていたと誤解されることもある。世の中にはあちこちに地雷のような人たちがいるものだ。

企業の女性エグゼクティブの集まりであるＷＩＮを率いるソン・ビョンオク会長に会ったとき、「組織の中で最悪な社員はどんなタイプですか？」と質問したことがある。すると、こんなふうに答えてくれた。

「よく陰口を言う人です。無能な社員は組織を非効率的にするけれど、努力さえすれば改善の余地があります。でもいつも人の悪口を言って陰口を叩く人は組織を滅ぼします。もっとも警戒すべき社員です」

その言葉を聞いて良心の呵責《かしゃく》を感じた。程度の差こそあれ、私もわざと、または無意識に陰口を叩いてきたからだ。

もちろん私だけでなく、職場では人を褒めたり励ましたりするよりも、非難や批評、悪口や根拠のない噂を口にしがちだ。自分が直接言わなくても、人の陰口に同調することも多い。

「うちの局長、とにかく変じゃないですか。社長の前ではブルブル震えてるくせに、私たちの前では偉ぶってばかりで。ああいう頭の悪い人がやる気満々なのが一番危険ですよ」「ウンファと局長、ただならぬ仲みたいよ。あんなふうに愛嬌を振りまかれたら、ひいきしないわけにいかないだろうけどね」

誰かがそんなふうに言っても、「局長はそんな人じゃないですよ」とか、「ウンファさんは愛想はいいけど、身持ちの悪い人ではないですよ」などとかばったり、「そういう話はあまり聞きたくない」ときっぱり言ってその場を立ち去ったりというわけにはいかない。そこで「そうですよね」「私も聞いたことありますよ」と何気なく相槌《あいづち》を打ってしまう。だがそんな消極的な同意ですら、波紋を広げることがある。

最初の職場で新入社員のころ、こんな経験をしたことがある。ある先輩があれこれ指導してくれ、食事もよくおごってくれたので、なんとなくかわいがられていると勝手に思い込んでいた。ところがその先輩はいつもこんなふうに言っていた。

「Aのことなんだけど、猫をかぶっているってみんなが言うんだけどさ」「キム次長はきちんと指示をしてくれないんだって？　ほかの人も言ってたけど、君もそう思うかい？」

「みんな言っていた」という前提があるので、私は無邪気にもそれが一般的な意見なのだろうと思った。それで何も考えずに「まあ、そんな傾向はありますね」「そうなんです。ちょっとそういうところがあるんですよね」と答えていた。

ところがしばらくすると、そのAに深刻な表情でお茶に誘われた。そして「なんで、そんなふうに陰で悪口を言うの？　キム先輩に言われたんだけど、私が猫をかぶってるって言ったそうね」と問い詰められたのだ。

先輩は何食わぬ顔でその子に「君は猫をかぶってるとインギョンが言ってたぞ」と話したのだった。私はただ相槌を打っただけなのに、いきなり悪口を言ったいじわるな同僚にされてしまった。職場を辞めたのは、そのこともあったからだ。

そのときの経験から、陰口を言う人の前ではただあいまいに笑うに留めて、できるだけリスクを回避している。

有名な芸能人、大学教授、大企業の役員など名の知れた人たちが自殺するのは、不治の病などがあったからではない。同僚の告げ口や自分を取り巻く陰口に耐えられずに自殺に至ったのだ。彼らにとっては、たとえ一人二人の陰口でも、世界中の人から矢を放たれて不信の目を向けられていると感じてしまうのだろう。

ある女性は、陰口ばかり言う同僚のせいで心療内科まで受診したという。入社同期の同僚がたびたび会社の人に「あの人、昔すごく遊んでたみたい」とか「私の企画案を完全にマネされた」など、根拠のない話を、あるときは冗談めかして、あるときは本気で言いふらしたからだ。

最初はさして気に留めなかったが、課長昇進を控えて陰口の程度や頻度が高くなり、彼女の耳にもしょっちゅう入ってきた。直接対面して、なぜ陰口を言いふらすのかと問い詰めても、目を丸くして「何のこと？　勘違いよ。私が言うわけないでしょう？」と嘘をつくので、それ以上、何も言えなかった。

かといってその同僚を嘘つきだと名指ししたところで、なおさら笑いの種にされそうで、心の中に収めていたら、鬱火病《うっかびょう》〔鬱積した感情によって発症する韓国人特有のストレス障害〕にまでなったという。夢にまで悪魔の姿で出てくる同僚に苦しめられ、会社でも彼女の笑い声を聞くだけで鳥肌が立ったそうだ。

そんなストレスに悩まされ、頭痛もひどくなり、心療内科で治療を受けて、最近は瞑想のトレーニングまでしているという。

「そうまでして自分の気持ちをなだめなければ、おかしくなりそうだったんです。その子は癖のように根も葉もないことを言いふらしていたけれど、私は死ぬほどつらかった。会社を辞めようと思ったけれど、その子のために人生を台無しにしたくもなかったし」

言葉というのはそれほど恐ろしい。何気なく言おうが、そのつもりで言おうが、その言葉が凶器となって相手に刺されば、そこから何が起きるかは誰にもわからない。

ユダヤ教の教義、タルムードには「陰口は殺人より危険だ。殺人は一人だけ殺すが、陰口は三人殺す。言い触らした人、聞かされた人、陰口を言われた人」という言葉まであるほどだ。

それなのに、いまだに陰口は職場にはつきものだと思われている。イギリスのオンラインリサーチ会社〈ワンポール〉が二〇〇〇人以上を対象に行ったアンケートでも、三分の二の人が定期的に同僚の陰口を言っていることがわかった。そのうち三分の一は同僚を本気で嫌っていて、一緒にいるのも嫌だという。

実際、お酒の席やティータイムでは、北朝鮮の核問題や世界平和や正義について論じるより上司や同僚の悪口を言うほうが、職場での活力源にはならなくても、ストレス解消にはなる。同僚と一緒に上司をけちょんけちょんにけなした翌日は、良心の呵責からむしろ上司に恭《うやうや》しく接し、コーヒーを出してあげたりと素直な態度を取ってしまう。

だが陰口は悪性ウイルスのように知らぬまに感染して、致命的な傷になる。加害者であれ被害者であれ傷つくのは同じだ。だから決して陰口に首をつっこんではいけない。陰口が始まっても相槌を打つ必要はない。

習慣的に人の悪口を言いふらす人は、たいがい性格や精神面に問題がある。彼らに同調して共犯者、ときには主犯にまでされて、社会生活に支障を来し、人格まで侵されてはいけない。さっとその場を離れたり、会話のテーマを変えたりと、テクニックを駆使しよう。

いつだったか、元高級官僚の集まりがあった。ある官僚がかつての同僚に「あいつはじつはひどく卑劣な人間だったんだ」と陰口を言いはじめたところ、そばにいた夫人が「あなた、ところでこれはどこのワインかしら？　味がすばらしいわね。ワイン博士のあなたがどんなワインか説明してくださらない？」とワインのボトルを彼に渡した。つられてボトルを受け取った官僚は「ああ、このワインはだね……」とワインの知識や情報をひけらかした。

お開きになると、夫人に「ワインの話、退屈だったでしょう？　ごめんなさいね、でも年を取ったらつまらないことばかり言って陰口も多いの。だからワインに話題を変えたんです。わかってくださいね」と言われた。

豊かで穏やかな人生をつくるのは、知識よりもこうした知恵ではないだろうか。そんな知恵を身につけるにはかなりの経験が必要だが、少なくとも、人の悪口を言わない習慣くらいは身につけたい。言っているときはいい気分かもしれないが、結局は毒薬になって自分に返ってくると肝に銘じよう。

もっとも経済的なのは正直でいること

私は娘を信じている。わが子だからでなく、ふだん、母親の私に対して正直でいるように見えるからだ。

そんなことを言うと、娘は「まさか、どれだけ嘘ついてると思ってるの……」と言うかもしれないし、のんきな母親を小馬鹿にするかもしれない。もちろんわざと触れていない話題も多いだろう。適当に言い繕ったり、おおげさに、あるいは控えめに言ったりしていることもたくさんあるだろう。

でも大方、娘は私に正直に話してくれる。友だちの家に行くと言ってクラブへ行ったり彼氏と旅行したりすることもなかったし、必要なことは堂々と要求してきたから、あとでお互い気まずくなるようなこともなかった。

そうやって信頼を積み重ねた結果として、娘の願いはほとんど聞いてあげようとしたし（少なくとも気持ちの上では。フランスから韓国のネットショップの注文分を入金してほしいと頼まれたときも聞いてやった）、やりたいと言っていることもできるだけ応援した。娘の正直さに応えた贈り物だ。もちろん、当の娘は期待していたよりも少ないと感じているかもしれないけれど……。

このように正直であることを強調する理由は、社会生活を送る中で「正直さ」こそ、もっともよいことで、もっとも経済的だと気づいたからだ。

安易に嘘をつくと、その後始末をして信用を回復するのにとてつもない時間やお金がかかる。一度「嘘つき」のレッテルを貼られたら、タトゥーを消すより手間がかかる。

韓国では憲法より恐ろしいのが「国民情緒法（国民感情や世論が実定法を超えるという、韓国の風潮を揶揄した概念）」だ。

同情心が強く弱者に対して寛大な韓国人は、誰かが重罪を犯してもその人が涙ながらに謝罪して反省すれば許してやるが、嘘に対しては強い拒絶反応を見せる。学歴詐称事件のシン・ジョンア、ＥＳ細胞論文捏造の黄禹錫《ファン・ウソク》博士などは、実力がないからでなく、嘘をついたためにあれほどの騒ぎになり、あれほど糾弾されたのだ。

長官などの政治家が聴聞会に登場したときも、たいていの失敗や過失は見逃してもらえるが、嘘をついたら許されない。

議員として出馬予定のある候補者は、息子の結婚式を「質素なチャペルで行った」と言ったのに、実際は超豪華ホテルの式場で挙げたことが明らかになって、選挙戦から下りざるを得なくなった。ホテルでの挙式が悪いのではなく、つつましく見せようと嘘をついたことが出馬取り消しの決定打になったのだ。

もちろん、むごい真実を正直に言うより甘い嘘をつくこともある。風変わりな服装に「気持ちの悪い格好ですね」と言うより「個性が感じられますね」と言うとか、早く書類を出せとせっつく上司に「まだ手もつけてません」と言ってしまうより「少し待ってもらえればお渡しできます」と言って時間を稼ぐほうがいい。娘の「ママが一番きれい」「ママは世界一、ううん宇宙一かわいいよ」という嘘はいくらでも言ってほしい。

ある後輩の男性に会ったときのこと。新婚で仲むつまじく幸せそうな顔をしているかと思いきや、ため息をついてこう打ち明けられた。

「妻に失望して、どうしていいかわからないんです。見合い結婚ですが、会ってすぐに気に入って、あわてて結婚したんです。結婚前、妻の実家に行ったとき義母が『あなたは幸せ者ね。うちの娘は最近ではめずらしく整形していない天然美人のうえに、品行も正しくて……』と自慢していたんです。

ところが数日前、夜中にトイレに起きたら、妻の携帯にメールがきていて何気なく見たら、友だちから『私もあなたが手術を受けたところに行きたいから一緒に行って。あなたの鼻と目はほんとに自然だから』と書かれていたんです。義母にあんなことを言われなければ平気でした。最近では整形したってどうってことないですから。でもなんで嘘をついたのか、ほかのこともだまされてるんじゃないかって思うと何もかもが疑わしくなって。過去は仕方ないとしても、また何か嘘をつかれるんじゃないかと心配で……」

彼には「その程度はご愛敬だと思って、また天然美人だとその母親が主張したら『お義母さんも天然ですよね？』ってちくりと言ってみたら」とだけ助言した。

ある大学生にはこんな悩みを打ち明けられた。教授の頼みでほかの教授の仕事を手伝った際に、過分な謝礼を渡されこう言われたという。

「これは君へのお小遣いだから、君の担当教授には言わなくてもいいよ」

言われた通りそのお金を自分で使ってもいいものか、担当教授にそのまま報告すべきか、という話だった。たいしたことじゃないから伝えなくていいと言われても、お金に関しては透明にしておいて正直な姿勢を見せるほうがいい。

「ご苦労だったとお金をいただいたんですが、多すぎる気がして」

そう言ってお金を差し出したら「ありがとう。では、私が大事に使おう」などと言うケチな教授や上司はそういない。当然「それは君がいただいたお金だから、君のものだ」と言ってくれるだろうし、そのうえ、その弟子に対する好感度はもちろん、信頼も高まるだろう。

失敗は誰もがする。

失敗したときには、すぐに相手を訪ねていって「申し訳ありません。私のミスでこんなことが起きてしまいました。このように解決します」と説明すれば、多くは許してもらえる。それが会社に巨額の損失を与えることだったり、取引先の重要人物に不快な印象を与えることだったりしても、自分の過ちを認めて正直に打ち明ければ、一度や二度はそんなこともあると理解してくれるのが韓国のお国柄だ。

自分では確信に満ちて、まんまと嘘をつき通せたと思っても、不思議なことに嘘をつくとなんとなくわかるものだ。目が泳いでいたり、しょっちゅう手をもんだり、声のトーンが変わったりするというのが、さまざまな実験結果でもわかっている。

アメリカのビル・クリントン元大統領も、聴聞会のときの録画場面を分析すると、嘘をつくときはしょっちゅう鼻をいじっていて、「(嘘をつくと鼻が伸びる)ピノキオ」というあだ名がついたほどだ。

アメリカ企業の社長を対象に、「人材に期待する要素は何か」と質問したらこんな答えが返ってきたという。

一位は「モラル」と「スキル」、二位は「組織への貢献度」、三位は「正直さ」、そして十位が「クリエイティビティ」という順だった。アメリカ企業の代表たちはこのようにモラルと正直さを重要な価値と感じているのだ。

どんなにクリエイティビティに優れていて情熱的でも、正直でなければいつ企業の機密文書を持ち出されるかわからず、それこそ臨機応変に嘘をつかれればさらなる被害をこうむるかもしれないからだ。

親に怒られそうで、友だちに憎まれそうで、上司に叱られそうで、恋人に誤解されそうで、などという理由で自分でも知らないあいだにすらすらと口にしている嘘。だがそれを挽回するためには時間、お金、さまざまな行動という、とてつもないコストがかかる。重ねて強調するが「正直さはもっとも経済的」なのだ。

今日も一瞬一瞬、甘い嘘の誘惑に惑わされるかもしれないが、そんなときはセルバンテスの詩を思い出してほしい。

正直さは真実を愛する心から生まれる
正直さは最高の処世術だ
正直さほど豊かな財産はない
正直さは社会生活において守るべき最低限の道徳律だ

天は正直な人を助けずにはいられない
正直な人は神がつくったもののうちの最上の作品だからだ

娘も神がつくった最上の作品だと信じたい。生産工場である母親の私はいい加減ではあるけれど……。

下手な慰めは相手を傷つける

ハン・スンイン弁護士が、金大中元大統領に亡くなる少し前に会ったときの話を聞かせてくれた。

「病床でも金元大統領のユーモアのセンスは変わりませんでした。私に『ハンさん、最近、妻がつれないんですよ。毎日私の隣で祈るんですが、神様、夫を生かしてくださいと祈るんではなくて、神様の思《おぼ》し召しを、と言うんです。早く死ねということなのか、もっと生かしてやってくださいという意味なのか』と笑いながら言うんです。早く快復しますようにと励ましに行ったのに、むしろ私のほうが慰められてきましたよ」

人が放つたくさんの言葉の中でももっとも美しいものが、あたたかい慰めの言葉ではないだろうか。

がんで闘病中のシスター、李海仁《イ・ヘイン》氏もある雑誌に慰めの言葉について寄稿している。生涯、祈りを捧げて生きてきた修道女の彼女も、いざ病床に伏していると、見舞い客の「一緒に神に祈りましょう」とだけ言うことが薄情に思え、逆に江南《カンナム》の聖母病院で隣室に入院していた金寿煥《キム・スファン》枢機卿の淡々とした言葉に慰められたという。

金枢機卿はシスターが隣りの部屋に入院したことを知って、彼女を呼んだ。

「光栄に思って枢機卿の部屋を訪ねていったら『シスターも抗がん剤というもので治療しているのかな?』とお聞きになるので、『抗がん剤だけでなく、放射線治療もやっています』と答えると、じっと何かお考えになっているようだったんです。私は、『主のために苦痛に耐えなさい』とでも言われるかと思いました。ところが立派な聖職者で徳の深いあの方の口から出た言葉は、主だとか信仰、神聖さ、祈りなどというものではありませんでした。枢機卿ははっきりこうおっしゃいました。

『そうなのか?　すごいなあ、シスターは』

その一言、人間的な慰めが、私にとっては大きな感動だったのです」

自分にうれしいことがあって祝辞が殺到するときは、そのお祝いの言葉はあまり耳に入ってこないものだ。受賞したり昇進したりしたときに、「これって主催側が何かたくらんでるんじゃないの？　そんな賞もらえるわけない」「本当に才能にあふれているんだね。そんなルックスではふつう昇進するはずがないもの」と皮肉られても、喜びとうれしさが勝り、勝者の余裕で受け止められる。

ところが自分が傷つき、つらいときにかけられる一言一言は、とてつもなくあたたかい慰めになったり、反対に想像以上に傷つけられたりもする。

少し前、友だちがとても明るい声で電話をかけてきた。夫と二年ほど別居していた友だちだ。

「夫ともう一度やり直すことに昨日決めたの。あなたに最初に知らせたかった。私が離婚したいと話したとき、みんな『どうかしてる』とか『よかったわ。一日も早く決めたほうがいい』と言ったけど、あなたは『その意見を尊重するし幸せになってほしいけれど、ご主人も悪い人じゃないわよ。後悔のないようにね』と言ってくれた。離れて暮らしてみてお互いの大切さがわかって、客観的に見ても悪い人じゃないって再確認できたの。ありがとう」

軽はずみなことばかり言っていつも後悔する私が、そのときだけはまんざらでもないことを言ったみたいだ。

誰の周りにも、恋人と別れた友だち、試験に落ちて挫折した後輩、たまたま事故にあって入院した同僚などがいるだろう。

そのときは慰めるつもりで「正直、あの人はあなたにふさわしくなかったし、ちょっと幼稚っぽく見えた。よかったわね」「秀才でも二、三年はかかる資格試験、まさかあなたの頭で一発合格を期待してたんじゃないでしょうね。あと数年がんばることね」「なんだ、顔のケガならこの機会に全部治してもらえたのに、足のケガなの？」などと声をかければ、ひょっとすると一生相手を敵に回してしまうかもしれない。

言葉を話せる人間より、話せない犬のほうがときにはずっと慰めになるものだ。少なくともいじわるをしたり、その場にそぐわないおかしなことは言ったりしないからだ。

精神科医のチェ・シネ博士のエピソードを思い出す。彼はアメリカの病院に勤務していたときに、患者から「今年の名医」に選ばれた。英語力が優れていたわけでも、他の名医のように見事な手術をするのでもなかったのに、その秘訣はなんだろう？

彼は、うつ病や妄想や強迫症などに苦しむ患者が何を話しても「ああ、そうですか」「おやまあ、そうでしたか」「うん……それはそれは……」「その通りですね」などと相槌だけを打ってあげていた。それでも思いやりにあふれた眼差《まなざ》し、うなずいて気持ちを伝えてくれる態度に、患者たちの病気の半分は治ったという。

シスター李海仁は、小さくて取るに足らないけれど、美しい言葉の威力についてこう話している。

「食堂でメニューを見て何を食べようかと考えるように、毎日誰かと話すときも、メニューがあってしかるべきだと思うのです。喜んでいる人には、喜びの祈りの言葉をかけ、悲しみに沈む人には悲しみに寄り添う言葉を言ってあげなくてはなりません。心の手帳に美しい言葉のメニュー表をつくって練習してはどうでしょう。毎日、新たに決心して、新たに愛して、新たに美しい言葉を練習するのは、私たちの義務であり責任なのです」

口から出た言葉はすぐに消えるけれど、人の心をあたためることもあれば、反対に心臓に容赦なく突き刺さることもある。

私もシスターのように美しい言葉をつねに練習しよう。美しい言葉は美しい心から生まれるということも忘れずに。

お酒の席を適度に楽しめる人の魅力

　ワインを何杯か飲んだと娘から聞いたとき、私は一人拍手していた。ついに本格的なお酒の世界に足を踏み入れたのだ。

　ビール数杯で顔を真っ赤にしていた娘がワインを飲んでも酔わないとは、じつに喜ばしい。パリで自然とワインに出会えたのもラッキーだったし、いい機会だった。手当たり次第に飲むのでなく、香りを楽しんで味わう、五感を働かせるワインの世界に入門したことをうれしく思う。ここからようやくスタートだ。

　私はマスメディアという荒っぽい男の世界で働いているくせに、あまりお酒が飲めない。最初はあえて飲まなかったのだが、今は飲めなくなった。

　見た目は一升瓶を空けてもびくともしなそうなのに、一杯も空けられないので、最初のころは猫をかぶっているとよく誤解された。今では飲めないとみんなわかっているので、お酒がもったいないからとグラスもくれず、ちょっぴりさみしいけれど。

両親が下戸だという遺伝的な要因もあるけれど、大学に入ってからは妙な負けん気のせいで、お酒とは遠ざかってしまった。女子たちは酒の席で男子たちに「ほら、飲めよ。ビールなんか酒じゃないぜ。麦茶を発酵させただけだ。ちょっとくらい飲めなきゃ大人って言えないだろ」というような口車に乗せられ、翌日「ミスク、あいつすごい呑兵衛だよな」「まったく、チョンミの酔っ払いぶりときたら。どんな奴と結婚するんだか、相手が気の毒だな」などと言われていたのだ。

そんな男たちのダブルスタンダードが腹立たしくて、飲み会に行ってもお酒はきっぱり断った。当時は若くてかわいい（年齢的にということだが）女子大生だったから、お酒は飲まないとか飲めないとか駄々をこねようが、かわいらしく映っただろうし、学生でみんなお金もないから、特に問題にもならなかった。

勤めはじめてからも似たり寄ったりだった。ふだんはおとなしく上品なのにアルコールが入ると動物レベルに変貌し、隣の席の人にキスしまくる人、奇癖のある人、泣き上戸、必ず酔いつぶれて寝る人など、ぶざまな姿を見ているうちにお酒に対する拒絶感が強くなった。お酒を勧められたら、「家が厳しいもので」とか、「酒癖が悪くて自制してます」など、いろいろな言い訳をして飲まずに生きてきた。

おかげでお酒による体調不良はないが、人間関係に問題があるのは事実だ。

男たちは誤解が生じたり争いになりそうになったりすると、上下関係があろうが一杯やって解決する。

しらふでは口にできない言葉も、酒の力を借りると「部長、どうして俺にだけきつく当たるんですか。さみしいですよ」「それは誤解だよ、誤解。きつく当たってなんかいないさ、大事にしてるぞ」とか、「先輩、俺、辞表出したいんです。もうやってられなくて」「おい、お前だけじゃなくて俺だってつらいんだぞ。上からも下からもあれこれ言われて」など、酔った勢いで正直に打ち明ければわかりあえ、気も晴れる。

私は飲み会に参加すると、コーラやサイダーを飲みながらせっせとおつまみを食べ、みんなの目つきがふっと緩んだり顔が赤くなったりしてくると退席していた。

明日になればいつも通りしゃきっとした顔で会わなければいけないのに、どうしてあんなふうに軽率にふるまえるのか。あれがソウル大やハーバードを出た人なのか、なぜあんなに管を巻いているのか、酔ったふりをしてしどろもどろになっているのはいったいなんなのか。酒飲みでない私には、とうてい理解できなかった。

でも、それは融通の利かない幼稚な考えだった。飲めないとか飲まないといった個人の体質や好みとは関係なく、お酒の席で自分が飲まないことによって周りを気まずくぎこちなくさせていたことに気づかなかったのだ。同僚や仲間はみんないい気分で酔っ払っているのに、一人だけ目を丸くして「呆れた人たち……」という顔をしていればやれやれと思われるだろう。

ある先輩から言われたことはちょっと衝撃的だった。

「うちの部長、ふだんは落ち着きがあって理性的なのに、ちょっとお酒が入っただけで大変身するんだ。突然、きゃっきゃっと笑い転げて、隣に座った人には男女かまわずキスするし、カラオケに行けば大はしゃぎで激しく歌いまくるんだから。それが翌日には『昨日のことはまったく記憶にないのよね』とおしとやかに言うから、ホントかわいくて……。知れば知るほど魅力的だね」

酒を飲む女は好かれないと思っていたのに、そうじゃなかった。かえって私みたいに頑なに飲まないほうが鼻につくし、迷惑かもしれないのだ。どんどん出世する友だちがこんな話をしてくれたこともある。

「私がタダで昇進したとでも思ってるの？　あなたがお酒を飲まずに自分の時間を自由に使っているときや、飲み代をケチってブランドのバッグを買っているときに、私は自分のお金と健康をつぎ込んで職場の団結力のために努力したのよ。へべれけになったことも何度もあるし、部下の男の子におぶってもらって帰宅したこともある。酔いつぶれてネックレスやブレスレットを失くしたりして、そういう損失もかなりある。でも、私が後輩の前で壊れた姿を見せれば、彼らも遠慮しなくなって心を開いてくれるのよ。それに女性で、しかも主婦なのに二次会、三次会と最後まで付き合うことにも感動したみたい。叱ったり褒めたりするのも酒の席ならずっと楽だし、何より上司からも、女性でもリーダーシップや統率力があると判断してもらえるのよ」

職場だけの話ではない。恋愛でもそうだ。ワインやマッコリでも飲みながら「ああ、ふらふらする」とアルコールが回ったように弱いふりをしてみせれば、スキンシップやキスにも発展しやすいが、ただでさえ大きな目をぎょろぎょろさせて「帰ります。好きなドラマが今日最終回だから、絶対見ないと」などと言えば、誰も下心など見せてくれない。

吐いたり、じんましんが出たりしてまで無理に飲む必要はないけれど、飲み会でお酒を勧められたら快く受けておくのがマナーだ。そして適当に様子を見て、ほかの器に移したり、勇敢な助っ人にお願いしたりすればいい。経験したことはないが、アルコールによって得られる解放感や感性が豊かになることなども、人生においては役立ちそうだ。

ただし、どうしても避けたい状況もある。どんな場合にも程度というものがある。前後不覚になるほど酔いつぶれたり、泣き上戸だったり、からんで隣の人を叩くといった酒癖は致命的だ。久しぶりに友だちと飲みに行くときは、緊張を緩めてストレスを解消してもいいが、会食や公の席の延長線上で酔っ払って醜態をさらせば、永遠にダメな人のレッテルを貼られてしまう。

お酒はつらいときではなく、楽しいときに、そしてできれば、いい人たちと飲みたいものだ。

まったくの下戸よりは一日ワイン一杯程度たしなむ人のほうが健康で長生きすると

いうから、今からでも人生観を変えて飲もうかと思いきや、いざとなると一緒に飲む人がいないという現実……。

ああ、なぜ人生はこんなふうに行き違うのだろう。何はともあれ、お酒の世界に足を踏み入れた娘のために、乾杯！

「人脈」は無理につくらなくてもいい

この間、傷ついたことがあった。娘のブログにフォロー申請をしたら、断られたのだ。

娘のプライバシーのためにフェイスブックは見ないけれど、ブログのコメントは読んでみたいからフォロー申請をしたのだが……。私は母親で、友だちではないけれどさみしくなった。そのくせ娘はフェイスブックやツイッター、ブログのフォロワー数を増やそうとひそかに躍起になっている。

成功したキャリアウーマンが、女子大生や新入社員を対象に自分の経験を聞かせるイベントがあった。見るからに洗練されていて、エッジの効いたファッションに身を包んだプロフェッショナルの女性が、自分がどれだけさまざまな人たちと交流し、ネットワークの達人なのか、そしてどれだけ努力しているかを説明した。有名大学の同窓会、ワイン同好会、山岳会、同業種のエグゼクティブの集まりを運営するために週に一、二回は早朝ミーティングに参加し、週末はゴルフや登山で親睦を深めているというのだ。質疑応答の時間になって、ある女子大生が質問した。

「そんなにお忙しくて、友だちにはいつ会うのですか」

するとその女性の堂々とした態度がふっとぐらついた。あれほど確信に満ちていた表情もあいまいな顔になった。

「ああ……そうですね。学生時代の友人たちには会う時間がないんです。会っても関心事が違うからしっくりこないんです。じつはとてもさみしいですね。あはは……」

たしかに最近は、仮想の友だちネットワークが権力をもつ時代だ。ツイッターのフォロワーが一〇〇万を超える作家のイ・ウェス氏はいっとき「ツイッターの大統領」にまでなり、フェイスブック、ツイッター、カカオストーリーなど人々を結びつけるSNSのフォローや友だち申請が極めて重要なトピックになった。

でもそんな血の通わない人脈は、たいして役に立たないように思うのだ。

新聞記者として三〇年近く働いてきた私の最大の財産は「人」だ。人様の助けなしには、記事を書くための取材も、情報を得ることも不可能だ。子育てなどの個人的な場面でも周囲の協力が不可欠。新聞社で働きながらテレビに出演し、雑誌に寄稿して講演も行いながら、各界人たちと知り合い、顔が広い人だと思われている。

私が会う人々はじつに多彩だ。大学生から八〇歳の女性、暴力団員から元総理、人気芸能人から占い師まで、年齢も職業も性格も千差万別。ある人には「新聞社の幹部なのに、どうしてそんなに人を選ばずに会うのか」と心配そうに言われたことがある。

「あなたに会いたいと思う人ではなく、あなたが会うべきだと思う人、あなたの助けにもなると思う人に会いなさい」と忠告してくれた人もいる。

たしかにその通りだ。でも「人脈」は利害関係だけを求めたり、わざわざつくろうと無理をしたりしてできるものではない。

三歳の子どもからも学ぶことがあるように、情けないように見える人からも得るものや学ぶことがある。物理的な恩恵や昇進の機会は与えてくれなくても、より大きな知恵を授けてくれることも多い。間違いなく自分の成功を助けてくれると信じていた太い縄が、じつは腐った縄で切れることもある。

もちろん成功の足がかりになってくれそうな人を選んで会い、彼らに忠誠を誓って出世街道をひた走るほうがはるかに有利だ。人脈を活用して大企業の幹部に昇進し、全国区の国会議員になり、公営企業に幹部として行き、大学の兼任教授になり、重要な委員会の委員に任命される例を数多く見てきた。人脈によって難しい契約を取り付けたり、難しい問題を解決できることもある。

だがそういった報いは、双方の信頼関係が築かれたあとのことだ。ふだんから下心なく付き合い、どんなことでも聞いてあげるなどして信頼を築き上げてこそ、相手もこちらの問題を自分のことのように感じて助けようとしてくれるのだ。女性の場合は特に、目的があって近づいてくる人には警戒心を抱いて距離を置こうとするものだ。

とりあえずは見返りを期待せずに、自分が相手の「熱烈な支援者」になることだ。雑用や面倒な頼みごとも、いったん聞き入れ、ほかの人に電話をして調べてあげるくらいの誠意がなくてはネットワークは築けない。相手が感謝したりお返しをしたりしてくれないからと残念がり友情を断ったりする必要もない。その人でなくほかの人から感謝される場合もあるからだ。

また、周りの成功を自分のことのように心から喜ぼう。自分に訪れたチャンスをほかの人にお裾分けしたところで、自分のチャンスが奪われるわけではないからだ。

以前、性教育の専門家、グ・ソンエ氏に会ったとき、何度も「ありがとう」と言われた。はて私が何をしたのか？　と首を傾げていると、こう言われた。

「ユ記者が私を推薦してくれたそうですね。おかげで有名になったのだから、感謝しないわけにはいきません」

そういえば知り合いのテレビプロデューサーが性教育の専門家を探しているというので、テレビで見事な性教育の話をしていた彼女を推薦したことがあった。はるか昔のことだったので忘れていたが、彼女は覚えていてくれたようだ。あちこちから「こういうことには誰がふさわしいか？」と聞かれることが多く、よく誰かを推薦する。

「ユ記者はたいしたことじゃないと思うでしょうが、誰かにチャンスを与えるというのはそう簡単なことじゃないんです。親しくなければよくわからないので、『その人はやめたほうがいい』と言う場合がほとんどです」

私は、「あの人とこの人が会えば相乗効果が生まれる」と判断すれば互いを引き合わせる。手数料無料の仲介おばさんの役割もする。出しゃばりだと言う人もいるし、引き合わせた二人が私抜きで親しくなる場合もあるけれど、それでも喜んで出会いを取りもつ。

人脈は「量」より「質」が大切だ。一〇〇〇人のフェイスブック友だち、一〇万人のツイッターのフォロワーを管理するのに費やす時間があるなら、親しい友だちに電話をかけたり、「風邪は治った？　ビタミンを摂るといいよ」とメールを送ったり、バースデーカードでも書いてあげたりするほうがずっといい。

適当に「いいね」を送ってくれるフォロワーではなく、家の権利証も手放すとか臓器までをも提供してくれるくらいの友人をつくるには、自分もやはり相手に誠意と忠誠を誓う必要がある。人脈の基盤となるのは信頼だ。

それにしても、娘は私のフォロー申請を本当に受け付けないつもりなのだろうか。

第四章　木曜日

声を上げるときは堂々と

ひとまず要求しなければ、何も起こらない

記者は、あれほど大勢の、しかも有名で気難しそうな人たちを相手にどうやってインタビューまでこぎつけ、記事を書くのだろうか？

それを不思議に思う読者も多いようだ。国内の著名人はもちろん海外トップクラスの人物や有名な学者などが、どうして韓国紙のインタビューに応じてくれるのかというと、簡単な話だ。私のような記者が、彼らにインタビューを「申し込んでいるから」だ。

一度や二度断られるとあきらめる記者もいるが、本人や側近に何度も電話やメールでインタビューをお願いする記者もいる。数カ月から数年もかけることもある。そうやって「今はダメだが、もしインタビューを受けることになればあなたにお願いする」という約束を取り付けたりする。

一九八〇年代にテレビの司会で大活躍したバーバラ・ウォルターズは、世界中の著名人にインタビューしたことで有名だ。

アメリカの歴代大統領はもちろんのこと、数多くのリーダーやスーパースターにインタビューする秘訣は、一度や二度でなく数年にわたって送った折々の便りとともに「なぜ（ほかでもなく）あなたを私がインタビューさせていただきたいかをわかってください」と切々と訴える手紙の力が大きかった。傲慢に見えるハリウッドスターもメールで申し込めば、あっさり返事をくれたそうだ。

あるとき新聞に、潘基文《パン・ギムン》国連事務総長が、不治の病の少女に会ったという記事が載っていた。どうやってその少女の存在を知り、訪ねていったのかというと、少女がとても会いたがっていたので、知人が潘基文国連事務総長にお願いしたのだという。

世界的バイオリニストの鄭京和《チョン・キョンファ》氏が外国人と結婚したとき、なぜ韓国人ではなく外国人の男性を選んだのかというまぬけな（?）質問に対して「韓国人の男性は誰も結婚しようと言ってくれなかったからです」と当然の（?）答えを返していた。勇気ある者が美人を手に入れるという言葉があるが、それは本当のようだ。

せっかちになるなと言われるが、「せっつくこと」で思いがけず希望がかなうこともありそうだ。

高級ホテルのレストランでも、ステーキを食べて胃がムカムカするからとキムチを注文すれば、ちゃんと出てくる。姉のきれいなスカーフや母親の新品のハンドバッグも「ステキ！　私にも貸して」と言えば使わせてもらうこともできる。

もちろん断られる可能性もあるけれど、断られる覚悟でお願いして、願いがかなえばその喜びやお得感（?）は永遠だ。

女性は、きちんとお願いしたり、頼み込んだり、閉まっているドアを叩いたりせずに、「誰も助けてくれない」「何もできない」とがっかりし、世間や周りの人のせいにすることが多い気がする。叩いたドアがすべて開くわけではないけれど、勝手に開いてくれるドアなどさらに少ないだろう。

どんなに有能で頭の切れるマルチプレーヤーでも、人の助けなしにすべてを自分一人でこなすのは無理だ。誰もが多くの人に頼んで助けられることで問題を解決し、穏やかで豊かな人生を生き、成功や業績を手に入れる。不思議なことに、多くの人が進んで誰かを助けようという気持ちをもっている。

私も、そこまで親しくない人に面倒なお願いをしたことがあったのだが、その人は断ったり気を悪くしたりするどころか、とても喜んでくれた。

「もちろんお手伝いしますよ。あなたが多くの人の中から私を選んで頼んでくれたことがありがたいし、お役に立てるのはとてもうれしいことです」

明るい笑顔のその表情は、うわべだけだったり下心があったりするようには見えず、本心だとわかった。考えてみたら、私もやはり誰かに頼まれて手を貸したあとは、何かいいことをして自分が認められたようで喜びも大きい。


お願いするときに何より重要なのは、お願いする前に「自分が本当は何を望んでいるのか」をはっきりさせることだ。

皮肉なことに、自分が何をしてほしいのかよくわかっていない人がとても多い。そして自分の価値よりずっと低い要求をする。一〇〇を提示する資格があるのに、五〇だけ要求して卑屈な態度をとってしまう。

自分が欲しいものを知り、自分で決めていいのだと、まずは認めることが基本だ。

何であれ、それを手に入れられると信じること。そして堂々と要求する度胸を育てていこう。

手に入れたいものが学校の成績であれ、職場での昇進であれ、友だちのかわいい持ち物であれ、すてきな人の恋人という指定席であれ、まずは一度要求してみよう。教授は学生の堂々とした頼みにA評価をくれるかもしれないし、上司は同期の中で一番先に昇進させてくれるかもしれない。

私がこじんまりした出版記念パーティーを開いたときのことだ。生まれてはじめてだし、恥ずかしさもあって、招待から進行、接待用の料理まで、すべてを一人でやろうとした。自分のことなので少しでも他人に面倒をかけるのが嫌だったのだ。

ところが実際は「どうして私に声をかけてくれなかったんですか。頼ってくれないの?」とさみしがる人がいたり、「言ってくれれば料理をつくっていったのに」と言ってくれたりする人もいた。ああ、すべては私の気の弱さと考えが足りなかったせいだ。

『食べて、祈って、恋をして』(武田ランダムハウスジャパン)の著者、エリザベス・ギルバートは、主人公の友人のセリフを通して、離婚で傷つき、うつ病と無気力に陥った主人公に対してこう語っている。

「お祈りのなかで天に願い事をしてはいけないなんていう考えを、どこで仕入れたの？　リズ、あなただって天の一部なのよ。この世をかたちづくるひとりで、天の営みに加わり、あなたの思いを神様に知ってもらう権利を持っているわ。だから、そんな見解にはおさらばして、神様に伝えたらいいわ」（日本語版より引用）
　そこで主人公は、神様に宛てて自分の思いを書き連ねた請願書をつくる。あとはゆだねるだけではあっても、とりあえず強力な後援者である神様が助けてくれるという自信が生まれる。その自信だけでも、どれだけ心強いことか……。

　自分が何を望んでいるかはっきりわかっているときは、それを手助けする力のある人に、正確な内容で、慎重に誠意をもって依頼する。その頼みをきちんと解決してくれる能力がある人か、あるいはもっともふさわしい人を知っている人にお願いし、何をどう助けてほしいのか明確に表現して、できるだけ真剣な思いが伝わるよう、卑屈にならずに話すことだ。
　こんなこと頼んだら嫌がられるかもしれない。失礼かもしれないし。そう思って、やってみもしないのではもったいない。

もちろん嫌がられて面倒だと思われることもあるだろう。でも嫌がるのはその人の問題であって、こちらの問題ではない。相手を尊重して配慮するのはいいことだが、相手の考えや判断まで前もって予想する必要はないのだ。

また相手の気分を害するのは、「話の内容」ではなく、「言い方」である場合が多い。「わざわざお時間を割いていただきありがとうございます。ご多忙な中、難しいお願いだとわかっているのですが、先生にぜひ助けていただきたく、失礼を承知でお願い申し上げます」と礼を尽くしてお願いすれば、まずは引き受けてくれるだろう。

断られても、それは「頼み」を断ったのであって、「自分という存在」を拒んだわけではないから、深く傷ついたり落ち込んだりすることはない。今回は断られても次は聞いてくれるかもしれないし、気を悪くしたとしても、それはその人が利己的でとげとげしい性格だからかもしれない。だから断られても、そんなに傷つく必要はない。

生きていく中で、友人や上司、さらには神様に数多くのお願いや頼みごとをしなければならないことがあるだろう。何度断られようが失敗しようが、いずれその願いが聞き入れられて何かを成し遂げれば、成功した人として記憶されるのだ。

とりあえず手を挙げてみることから始めよう

この世の中、「秀でている人」より「本気で願った人」にチャンスが与えられるようだ。

よく「ロトに当たって人生逆転するのが夢」と言うけれど、ロトだって買わなければ当たらない。シンデレラもさまざまな困難を乗り越えて舞踏会に出たからこそ王子様に出会え、ガラスの靴で自分の存在を知らせることができたのだ。

テレビで『SUPER STAR K』や『K－POPスター』といったオーディション番組を観ても、真剣なまなざしで審査員を見つめている出場者は、一度脱落しても敗者復活戦のチャンスを与えられたりする。

ところが働く女性たちは、アピール力も大勢の中で手を挙げて存在感を示す能力も確実に不足している。

大企業の新人を対象に講演したときのこと。「イテベク〔二〇代の大半が失業者という意味〕」という言葉があるほど就職難の時代に大企業に入れた人たちだけあって、自信に満ちた顔つきで目も輝いていた。

ところが講演が終わって質問を受ける段になると、不思議なことに手を挙げたのは全員、男性だったのだ。

三つ四つの質問が終わり、最後の質問を受け付けても、女性たちは遠慮がちに座っているだけで、何人かの男性が引き続き手を挙げていた。とはいえ、男性社員が洞察力にあふれた特別な質問をしたわけではなく、人事考課に反映されるような質問でもなかった。

私は内心がっかりし、腹が立っていた。本当に私の話の中に気になることが一つもなかったのだろうか？　三〇年近く職場に通い、仕事と家庭を両立してきたベテラン(?)への質問はなかったのだろうか？

彼らの好奇心をかきたて、疑問を抱かせることもないヘタクソな講演だったのかと自分の力の至らなさを感じたりもした。何より、なぜ女性たちは質問をしないのか、なぜ手を挙げないのかともどかしく思った。

おそらく「まともな質問をしないといけないのに、考えがまとまらなくて」「的外れな質問をすれば頭が悪いと思われるかもしれないし」「手を挙げてもしどろもどろになって笑われるんじゃないか」と、そんなことを心配して手を挙げられないのではないだろうか。


「質問する」というのは、気になることを聞くという以上の意味がある。質問の内容自体はさほど重要ではなく、大事なのは質問しようという意思、手を挙げるという行動なのだ。それが結局、仕事に対する熱意ととらえられ、自信だと判断される。

どんな記者会見でも、核心に触れるような質問はほとんどが最後のほうに出る。だいたい質問が出そろったところで、お互い油断している隙に、虚をつく誰かの質問で内情がばれて特ダネになったりする。だからつねに最後まで質問することが大事なのだ。

相手はどんなに忙しくても、記者が執拗《しつよう》に質問を迫れば答えてくれるものだ。または「その質問には答えられません」と返事してくれる。そうなれば、少なくともそのことについては策がないとわかるわけだ。

ヒューレット・パッカードの社内報告書によると、女性は公示した必要条件を一〇〇パーセント満たさなければ公開採用にエントリーしないそうだ。一方、男性は必要条件の六〇パーセントを満たしていると考えればエントリーするという。

やりたければとりあえず挑戦してみて、働きながらやり方を学び、身につければいい。

女は手を挙げてはいけないなどと誰も言っていないし、平等にチャンスが与えられているというのに、依然として女性は、自分が完璧な状態ですばらしい質問をする準備ができたときしか手を挙げない。そんな人に誰が先にチャンスを与えてくれるだろう。

会社で上司が「このプロジェクト、誰がやる?」と言ったら、真っ先に手を挙げよう。そうすれば上司はその社員の存在を意識して、真っ先に名乗り出てくれたことに感謝し、さらなるチャンスや魅力的なプロジェクトをプレゼントしてくれるだろう。

フェイスブックの最高執行責任者（COO）で『LEAN IN』（日本経済新聞出版社）の

著者であるシェリル・サンドバーグは、その本の中でこう語っている。

女性は社会がつくった外部的な障壁だけでなく、内なる障壁にぶつかってつまずくこともある。女性は大きな仕事でも小さな仕事でも、自信が足りず、チャンスをつかもうと手をぐっとのばすことができず、積極的に飛び込むべきときに、むしろすくんで引いてしまう。

女性は、男性よりはっきり言うとか、攻撃的に行動するとか、力が強いのはダメだという否定的なメッセージを自ら内面化する。自分が達成できる成果に対する期待値も自ら下げている。

さらに「真っ先に手を挙げる」のと同じくらい、「最後まで手を挙げ続ける」ことも必要だ。

重要なプロジェクトでメンバーを五名厳選する場合、本当にそのプロジェクトに加わりたいなら、最後まで「参加したい」と手を挙げ続けて、担当者や上司を説得するべきだ。その真剣さと勇気だけでもほぼチャンスは与えられるだろう。一〇人定員のエレベーターでも最後まで自分の体を押し込んでとりあえず乗ってみるのが重要なように。

「Put Your Hands Up!（手を挙げろ！）」ヒップホップのコンサートではそうやってぐっと挙げていた手を、なぜ社会の中では挙げないのだろう。

いつでもぱっと手を挙げよう。そして最後まで手を挙げていよう。静かに瞑想するためにこの世にやってきたのではなく、きらきら輝いて認められるために生まれてきたのだから。

上手に断る方法

高尚な哲学理論や高潔さで繕っていても、人間は根本的に「利己的な動物」だ。

どんなによくしてもらっていても、一度つれなくされただけでひどくがっかりする。しかも、何かを頼まれて、こちらが聞き入れてあげる義務もなければ、その問題を解決する力もないと判断して断わると、体を震わせながらこちらを敵視してくる人もいる。何百回もの心のこもった厚意は忘れるが、何気なく断ったたった一度がナイフの刃となって突き刺さるのだ。

みんなに好かれようと頼みをすべて聞き入れる必要はない。かといって、なんでもかんでもすぱっと断るのもいいことではない。

五〇〇年前のイタリアの哲学者、フランチェスコ・グィッチャルディーニが『リコルディ』という本の中で唱えた教訓は今日でも有効だ。

「誰かに何かを頼まれてそれに応えられないときでも、すぐに断ってはいけない。頼んだからといって、あとになって他人の力を必要としなくなることもある。だから遠まわしに断るとか、はっきりと約束することは避けながらも、依頼人をそれとなく励ましておく。話を合わせておけば依頼人を満足させておくことができるが、一言で断ってしまえば、理由や結果に関係なく憎しみを買うだろう」

グィッチャルディーニの言葉に共感するのは、NOと言うのは個人の権利であり自由だが、そのあとの後遺症はあまりにも大きいからだ。

「断り方」によって、その人に対する評価も変わってくる。頼みを聞いてくれなかっただけで、あの人はケチだとか、偉そうだなどと非難され、人間関係も悪化してしまう。

友人のAが、友だちのことで激怒していたことがあった。

「ふだん付き合いがある人にちょっと尋ねてほしいとBに頼んだら、『その人、そういうの嫌がるわよ』って言うのよ。自分がその人の代弁者みたいにね。彼女には二度と会いたくないわ。たいしたこと頼んでないのに……」

私も何度かそういう経験がある。原稿依頼をして、「えっ、どうしましょう。ありがたいチャンスなんですが、今回はこれこれこうで時間が取れそうもないんです。今度ぜひ書かせていただきたいので、またご連絡ください」と言われたら、断られてもちっとも気分は悪くない。

一方で「お引き受けできません」「おたくの新聞には書きません」「原稿料が安すぎるので書く気になりません」ととんでもなく正直な言い方で断る人もいる。本人は本心を言っただけなのだろうが、私の人名リストでは「不可」と分類されてしまう。

あまり馴染みがないかもしれないが、外国映画を観ると西洋人の社交辞令的な断り方を学ぶことができる。ある後輩が海外の大学院に出願したが不合格だった。ところが送られてきた手紙はとても美しいものだった。

「わが校に関心を寄せてくださり感謝します。あなたをわが校の修士課程にお招きするのはわれわれにとっても光栄なことでしょう。ですが、今学期は定員オーバーとなり、あなたの入学が難しくなりました。また次回、出願をお待ちしています。あなたの未来が幸福と栄光でますます満たされるようお祈りします。わが校にも引き続き関心をお寄せくださいますように」

もちろん形式的なものだろうが、断ることで相手を傷つけないためにどうすればいいかという見本ではないだろうか。

とても忙しいときに面倒なお願いをされて「時間がない」とか「ムリよ、また電話して」と言うよりは、「毛を抜いて分身の術が使える孫悟空だったらいいんだけど、よりによってその時間帯はスケジュールがぎっしりなの」「仕事がたまっていて、自分の葬式にも出られそうにないぐらい。落ち着いたら連絡します」とユーモアを交えて言うくらいのほうがいい。

ときどき知り合いから、欲しくもない商品を買わないかと言われることがある。体裁を繕うためだけに、必要もなければ趣味でもないものを買うことはない。それでも「高すぎる。これじゃ泥棒よ」とか「デザインが野暮ったい」などと言うかわりに、「このスタイルは私には合わなそうなので」「似たようなものを持ってるから」とやんわり断るほうが賢明だ。

イベントやパーティーに招待されたけれど参加したくないときもある。そういうときに「どうしよう、その日はセミナーがあって」「あいにく祖母の法事で」などと嘘をついても、そのうちばれてしまう。

重要な学会があると言っていた人がその時間にほかの人とカラオケでタンバリンを振りながら歌っていた、という話を聞けば、失望を超えて絶望されそうだ。そういうときは「とても面白そうな集まりだし、声をかけていただいてありがたいのですが、断れない先約がありまして」とあいまいにしておこう。


電話でお願いされたときは、互いに顔を見合わせていないからラッキーだ。「切らないでちょっと待っててくれる？　スケジュールを確認するから」とか「誰かが呼んでるわ。スケジュール見てあとで電話するね」とか「今ちょっと手が離せないので、行けそうだったら早めに連絡しますね」と言って時間を稼ぐことができる。

でも互いに顔を突き合わせて話している最中にお願いされたら、電話のように保留ボタンもないし、急に消えることもできない。

雰囲気に飲まれて無理やり「イエス」と言わないようにするためには、しばらく休憩を取って時間を稼ぐ。「トイレに行ってくるね」「ちょっと急ぎの電話をかけてくるわ」と少し時間を置いて戻ってきてから「考えてみたけどちょっと難しそう」と落ち着いて断ればいい。

気分よく断るには、相手の緊張をほぐしてあげることも重要だ。一緒にその問題について悩み、心配してあげる姿勢を見せることが基本だろう。

ただし、頼みを聞いてやれないからと、必要以上に相手に対して低姿勢になったり優柔不断な態度を見せたりすることはない。やんわりとユーモラスに断れる人は、断らない人よりもスムーズな人間関係を維持できる。

私は忘れていたのだが、ある後輩から、私にずいぶんと役に立つアドバイスをしてもらったと言われたことがある。

「上司があれこれ山のように仕事を振ってきて頭を抱えていたら、先輩が私にこう言ったんですよ。『なんで耳が二つあるかわかる？　右から左に聞き流せばいいのよ。上司もときどき何も考えないであれこれ指示するから。自然と解決する仕事もあるし、本当に重要な仕事なのにやっていなければ、あの仕事はどうなった？　ってまた聞かれるから、そのときにしっかりやればいいのよ』って」

私自身がなんでもかんでも右から左に聞き流して、まともにやった仕事がないから、後輩にそんなアドバイスをしたのかもしれない、うーん……。

私たちは自動販売機じゃない。ボタンを押したらすぐにコーヒーやジュースの缶が出てくるみたいに、すらすら答えられるわけではないのだ。

でも自販機のボタンや家のベルを押しても何の反応もなければ、文句を言われたり、足蹴にされたりすることもある。一〇〇人のファンより一人のアンチファンが怖いように、ふと口にした断りの言葉が矢となって戻ってこないよう、言う前に一瞬考えて、知恵を絞るべきだ。

野球史上もっとも伝説的なホームラン王、ベーブ・ルースは選手生活でじつに一三三〇回の三振を取られたという。それでも私たちは彼が打った七一四本の本塁打を記憶して、「ホームラン王」と呼ぶ。

人の頼みをすべて聞いて自分の人生を無駄にすることはない。まずは自分が生きることが最優先なのだから……。

非難をアドバイスだと思ってしまう無邪気な勘違い

人生で「友だち」はとても重要だ。真の友が三人いれば、人生は成功したともいわれている。

私はいつしか、友だちを選んで会うようになった。忙しすぎてではない。友だちを利用したり、会って得する人だけに会ったりしようというのでも、なおのことない。会うと何だか嫌な気分になる友だち、毎回、叱咤や指摘しかしてくれない友だちとは会わないことにしたのだ。その人にどんなに権力や魅力があろうと、無理して友だち付き合いするのは嫌なのだ。

そうでなくてもあちこちでストレスを感じているし、自分の欠点は自分でよくわかっている。だから「まだ痩せないの?」「なんでそんなに野暮ったい格好してるの」「あなたをテレビで見た友だちが、早口で聞き取れないって言ってたわよ」などは、助言でもなんでもない。言われていい気がしない指摘ばかりされたら、感謝するよりムカッとする。私の修行が足りないとか、デリケートだからではないだろう。

数十年会っているのに「なんでそんなに顔が大きいの？」「首が短いのにタートルネックなんか着て」などと言う友だちは、いい友だちではない。友情で私の顔が小さくなるわけでもないし、風邪で喉が痛いからタートルネックで保護していただけなのに、それを気にかけてくれないばかりか、口を開けば非難するのは友だちとしてひどすぎないだろうか。

アメリカのビジネスコミュニケーション・コンサルタントのナンシー・アンコウィッツは『Self－Promotion for Introverts（内向的な人のためのセルフプロモーション）』（未邦訳）という本で「あなたの落ち度ばかり言い聞かせる人とは決別しなさい」として次のように忠告している。

「あなたを非難し否定する人たちをどうすればいいか。彼らに会うと嫌な気分になる。彼らはあなたを信頼しているわけでも、本当にわかっているわけでもないくせに、ひょっとしたらあなたをライバルと思っているのか、嫉妬しているのかもしれない。それなのにあなたは習慣で、あるいは彼らを傷つけないように、または距離を置くことで関係が気まずくなることを気にして、会い続けている。

はっきり言うが、あなたに落ち度ばかり言い聞かせる人たちと会い続ける必要はない。あなたは今一番、誰と距離を置かなくてはいけないか。

オペラ歌手のアベル・カーンスが人生を幸せにする秘訣をこんなふうに耳打ちしてくれたことがある。『肯定的な環境にいるほど、自分の人生にも肯定的なエネルギーが湧き出ることを忘れないで』

他人の忠告を無視しろ、というのではない。人とともに生きる社会では、他人の視線や好みも無視してはならず、考えが違う人たちとも調子を合わせなければならない。でもいつも嫌な気分にさせることばかり言う友だちに会うのは、お互いにとって害になる。

娘にしても、「なんで女のくせにサッカー好きなの？　男はサッカーは好きだけど、サッカー好きの女は敬遠するものよ」とか「フランスの大学院の修士号を取ったからって出世が保証されるわけ？　さっさと男を見つけて結婚でもしたら」などと言う友だちには会わないほうがいいだろう。

非難されるだけじゃない。周りのことにいつも文句を言う友だちとも友情を保ち続ける必要はない。

「あの先輩、ほんと頭がおかしいんじゃないの。いい加減な指示をしておいて、私ばかり責めるんだから！」「なんであんなおかしな人を紹介するの？　見た目は我慢するにしても、趣味が低俗すぎる。頼むから次は私のレベルに見合う人を選んでよ」「韓国なんて滅びたらいい。こんな汚いシステムで社会が維持されるなんておかしいよ」

すぱっと関係を断ち切れなければ、会ったとしても、映画や料理など客観的な話をするに留める。それでも何かと指摘や非難が続くときは、右から左に聞き流せばいい。自分を認めてくれない人がいるからといって、自分自身を信頼する気持ちが揺らいではいけない。自分を信じてあげなければ、中傷から自分を守れない。

有名な作家で講演がうまいと言われているある教授は、「他人の言うことを聞かないことが自分の成功の秘訣」と話していた。

「大学教授なのにテレビに出たり、企業に講演に行ったりしていると陰口を叩く教授が多かったんです。でもバラエティやドラマに出るわけでなし、討論番組や時事番組に出ているんですから。講演でも面白おかしく話をすれば『ちゃらちゃらしている』と言われる始末。学歴を捏造《ねつぞう》したわけでもないし、正式に海外で博士課程を履修しているというのに、他人のことだと思って厳しいことを言うんです。総長に告げ口したり、会食の席であからさまに非難したりする人たちもいました。

そのたびに教授の職をあきらめようか、外部の活動を減らそうかと思い悩んだんですが、結局、どれもやることにしました。私を非難した人たちの真意に疑問を抱いたからです。本当に私のためを思って真剣に考えてくれて言ったわけじゃなさそうだから。それで講演にもさらに熱心に取り組んで、プロジェクトもたくさん立ち上げて研究実績を挙げたら、結局、何も言えなくなったみたいです。俗に言う、『犬は吠えるがキャラバンは進む』ってやつですね。それが私の生活信条です」

友だちが苦しんでいるとき、ピンチに置かれたとき、危険もかえりみずに助けるのは当然のこと。でもいつもいじわるな顔つきで「何やってるのよ」と非難ばかりする友だちまで守るのは、真の友情ではないだろう。

病気の枝を切り落とせば木が元気になるように、毒のある友だちや同僚を選り分けるのは幸せへの道だ。

どんな非難にも甘んじるいい友だち役に満足せずに、自分の心の健康と幸せに意識を向けよう。毒入りの食べ物と同じで、非難ばかりする知人に無理に合わせていたら、こちらが病んでしまうだけだ。

親切とおせっかいのボーダーライン

娘が幼いころ、私は娘を天使かと思っていた。幼いのにとても思いやりがあって優しかったからだ。

家政婦さんは料理が得意じゃなかったので私が文句を言おうとすると「ママ、おかげで小食になるじゃない。大丈夫だよ」と言ったのを、娘は覚えているだろうか。

小学校のとき、お金をちょうだいと言うので使い道を聞くと「お友だちがピアノのコンクールで賞をもらったからバラの花を買ってあげたいの」と天真爛漫《らんまん》に言ったことも。他人をことあるごとに応援して祝ってあげるのが、わが娘じゃなくて、娘の友だちだったらいいのにと思うこともあった。娘が、祝ってもらってプレゼントをもらう側だったらと願う、いたらない母の欲だ。

他人の喜びを心から祝いプレゼントを贈り、他人の痛みに共感し、ふさわしい言葉を伝え、他人から頼まれたことは自分のことのように一生懸命するのは、とても美しい理《ことわり》。自然とそんな行動が取れれば、そのたびに幸せでうれしくなるだろう。

でも、いい人、優しい友だち、立派な女性だと思われたくて、ふうふう言いながらやるのであれば、それは意味がない。そんなふうに言ったら、娘はきっと鼻を鳴らしてこう言うだろう。

「何よ、ママがそうすべきでしょう？　いつだって、もらった化粧品や品物を全部人にあげてしまって、自分は新しく買って使ったりして。毎日、他人のことに手を出して疲れてるくせに、そんなこと言う資格ある？　まずはママが、他人のことにかまけて自分のことをおろそかにする癖を直したら？」

そうなのだ。私は相変わらず、おせっかいにも他人の世話ばかり焼いて、自分の人生は豊かさから遠ざかってしまっている。

意志薄弱で断れない性格のために、ありとあらゆる頼まれごとに悩まされている。とんでもなく顔が広い人だと思われているようで、記者である私がお願いすれば人はなんでも聞いてくれるとみんな誤解しているようだ。

もちろん知り合いが多いのは事実だけれど、それこそ名前や仕事を知っているくらいで、それは親しさを意味するわけではなく、相手が私の頼みを聞かないといけない理由もない。それなのにみんな「電話一本ですむ話なのに、面倒がるわけ？」と言わんばかりだ。

つい最近まで、周りからの頼みは全部聞いてあげていた。そして可能なら電話したり直接訪ねたりして、忙しい人をつかまえてこと細かに事情を説明し、率先してお願いしてきた。すると、あちらこちらからいろいろなことをお願いされるようになった。手術が必要だからソウル大の先生に手術日を早めるよう頼んでくれとか、詐欺にあったが犯人に会ってお金を受け取ってくれとか、ある人が不正をしているから処罰を頼むとか、浮気した妻に戻ってくるよう説得してくれとか、妻が妊娠したので胎教にいい本を推薦してほしいとか、事情もさまざまだ。友だちはもちろん、知り合いまで噂を聞きつけて、「近所の人に相談したらユ記者にぜひ会ってみろと言われて」なんていう人まで現れて驚いたこともあった。

そうするうちにだんだんと自分のことをする時間がなくなり、自分が必要なことをお願いするところがなくなってしまった。

考えてみれば、私には彼らの頼みを聞く義務も責任もなかった。お世話になった人たちでもなく、私が政治家で地域の有権者に取り入る必要があるわけでもなく、頼まれたのは私でなければできないような差し迫ったことでもなかったのだ。

きっと私は、いい人だと思われたくてがんばっていたのだろう。気づくのが遅すぎはしたものの……。


「いい人」だと評価されるために自分を犠牲にする必要などない。かといって、薄情になんの頼みも聞いてあげないのはひどすぎるし、そんなことをすれば、結局は自分がのけ者にされてしまう。

「自分にできること、してあげたいこと」だけを選ぶのがお互いのためにも賢明だ。

世界的な野球選手でも打率は三割で、四割台はほとんどいない。三割台というのは一〇球のうち三球はいい当たりだということだ。

だから一〇お願いされて三つ聞いてあげるだけでも立派な成績なのだ。それなのにいい人ぶって自分のことを後回しにすれば、自分の人生を生きていないことになる。

誰かにお願いされたら、真剣に耳を傾けたとしても、自分の能力や実力に見合ったことだけを聞いてあげるという知恵が必要だ。

優しい女性たちには「サンタクロース症候群」とも言える癖があるのも問題だ。これは、サンタクロースのように「こんなプレゼントをしてあげる」と相手にすっかり期待させてしまうことだ。プレゼントをもらう資格や理由がない人も、サンタがくれるというのだから期待する。もらえなければがっかりし、恨んだりもする。

ある出版社の社長はそういう人で、本当に好人物だった。誰にでもよくご馳走し、どんなことでも手助けしようとするのに、実際にはその人の評価はよくはなかった。むしろ「嘘つき」「口ばっかり」と否定的な評判を耳にする。

じつにやりきれないが、結局その人もサンタクロース症候群なのだ。誰に会っても「今度、ご馳走しますよ」「その本、うちで出しましょう」「その会社の常務は親しいから、私がお願いしてみましょう」とプレゼントや接待や恩恵など、言葉でなんでも約束してしまう。だから言われた本人はみんな期待する。

ところが選挙の公約みたいに口だけで終わってしまうので、悪口を言いたくなる。

ビビンバをご馳走されても「ステーキをおごると言ってたのに、たったこれだけ？」とがっかりする。

その人とは二〇年来の付き合いで、私はとてもいい人だと評価しているので、サンタクロース症候群はぜひ、薬でも飲ませて治してあげたい。何かをしてあげると言いたくなったとき、少しだけぐっとこらえれば、立派な人だと賞賛されるはずだからだ。

何度も言ってきたが、人間は相対的に考える。いつも一〇個キャンディーをくれていた人が五個しかくれないと、がっかりして、あの人は変わった、ケチになったとぶつぶつ言い、一つもくれなかった人がある日、二つくれるだけで、ひどくありがたがって感激する。

もしみんなに毎日キャンディーを一〇個ずつ配れる身になったら、惜しみなく与えればいい。でもそんな状況でなければ、最初から能力に見合った分だけあげるほうが楽だ。いい人だというイメージをつくるために、相手も望んでいないのに、空虚な言葉で不渡手形を乱発しないことだ。

特に職場においては、一人で何でも耐えて、みんなの力になる天使のふりをする必要はない。悪魔やゾンビがあふれるこの社会で一人だけ翼をつけていたら、やがてその翼も奪われて、馬鹿にされるのがオチだ。

天使は天国が故郷だが、この地に暮らす私たちはただ人間の役割を忠実に果たせばいい。そしてサンタクロースはクリスマスにだけ会えればいいのだ。

地上では翼をしまって、少々自分勝手な人間として生きよう。

わざわざ自分を卑下する必要はない

ある旅行会社のスタッフに会ったときのこと。優しい印象でとても親切に対応してくれたので、次もぜひお願いしようと思った。ところが会話中、彼女がしょっちゅう自分の鼻を触るのだ。あまりに触るので自然と視線もそちらに行ってしまう。

彼女は恥ずかしそうにしながら、こう言った。

「鼻がぺちゃんこなのが悩みなんです。みんなに鼻ばかり見られているような気がして……。整形手術の相談にも行ったんですけど、皮膚が薄すぎてできないそうなんです。整形できる顔に生まれただけでも恵まれていると思いますよ」

自分の弱点をそうやって打ち明けてくれるなんて、真っ正直な人だと思った。けれど彼女を見るとつい「ぺちゃんこ」だと告白したその鼻に視線が行ってしまう。ほかの場所を見なきゃと思っても、どうしてもそっちに視線が向いてしまうのだ。

もし彼女が鼻のことを言わなかったら、おそらくは彼女の鼻がぺちゃんこだとか、変だという気もしなかったはずなのに。

「ピンクの象の法則」というのがある。「これから絶対にピンクの象のことを考えてはいけません」と言われると、頭にピンクの象が浮かんでしまうように、自分の弱点を口にしたら、相手はその弱点にばかり目が行って、強く記憶に残ってしまうというものだ。

隙がなくて高慢そうな人、近寄りがたい感じの人が、意外と気さくな面を見せると、相手はかえって親近感を高めてくれる。刺しても血の一滴も出なそうなほど冷たく見える人が「私、しょっちゅう何か落とすので、夫にいつも嫌みを言われるんですよ」と言えば、気さくに見える。そして「遅れてすみません。脚が短いから、歩くと時間がかかっちゃって」などと自分の弱点を茶化して笑いの種にするのも悪くない。だが身体的な欠点、重すぎる過去を聞かされるのは相手にとっても負担だ。

身体的な欠点だけではない。対人関係で必要以上に自分を卑下する必要はない。スピーチの専門家で会話術に関する著書が五〇冊以上もあるイ・ジョンスク氏は

『旅行のコミュニケーション術』（未邦訳）という本で「自己卑下する言葉の危険性」をこう伝えている。

「自分で自分を尊重しなければ、相手も自分を尊重してくれない」

「私なんて何もできないし」「私にはそんな資格はありません」そんなふうに言うと謙遜しているように見えるかもしれないが、実際にはその反対だ。

言葉というのは聞いた瞬間、内容どおりの形となる。自分を卑下して描写すると、自分のことを有能だと評価してくれていた人の中に無能なイメージが形成されて、結局は無能だと評価されてしまう。目立ちたくないなら、ただ静かにほほえんでいればいい。「できないこと」より「できること」を強調したいものだ。

歳月がたつと、実体は失われてイメージだけが残る。自分のことを記憶してくれている人にいいイメージを残したければ、一番自慢できることを見つけて「私、真面目なんです。見た目のよくない木が森を守るというように、私の真面目さで組織を守ります」などと簡単に表現しよう。

二〇年以上の捜査歴を誇る部長クラスの検事は「すべての情報は自分の口から出

る」と強調していた。
「誰々にだまされて悔しい、他人が悪口を言いふらしているなどとよく人は言います。でも、じつは国家機密から個人のちょっとした誤解まで、あらゆる話は結局、その張本人から出ているんです。いろいろと話すうちについ弱点や機密もしゃべってしまい、あとになって、いつ俺がそんなことを言った？　とか誰が言った？　とか興奮するのです」

ふだんから謙虚なふり、あるいは気さくなふりをして、自分の弱点をさらけ出したり、言い触らしたりしないほうがいい。人は誰でも相手の弱点だけを思い浮かべるからだ。

自分の能力についてもあえて「私はこれが苦手だ」「これが嫌いだ」と強調すべきではない。そうした言葉が進路や人生にも大きな影響を与えてしまう。

ある会社に同期入社したAとBは大学も一緒だった。Aは英文学を専攻し、Bは副専攻が英文学だった。ところがAはふだん、「わけもわからず英文科に入ったから、専攻だけど英語は苦手なんです」と言い、Bは「アメリカのドラマをよく観ていたら確実に英語力がアップしました。早朝に英会話のレッスンにも通っていますが、とても面白くて。学生のときこんなふうにもっとがんばっていればよかったんですが……」とさりげなくアピールしていた。

三年後、Bはその会社の米国支社に配属され、アメリカに渡ったという。

嘘をつけとか、猫をかぶれというのではない。他人にとってはさして重要でなく関心もない身の上話をことこまかに打ち明ける必要はないということだ。

イ・ジョンスク氏が指摘するように、その言葉がイメージとして形づくられて、自分という人間を決める特性やブランドになる。自らを高めて言う人は「自信にあふれている」「スポーツもピアノも得意な」といった肯定的なキャッチコピーをもらえるのに、わざわざ「お尻の左右差がひどい」「内向的すぎて人前に立てない」「学校で仲間外れだった」「いびきがうるさい」などと自分を形容する必要などないだろう。

すべての情報は口から出る。自分自身のブランドやイメージを決定づけるのもまさに自分の口だ。避けるべきものは避け、知らせるべきことを知らせよう。

ときには厚かましく自慢することも必要

働く女性はさまざまなストレスに悩まされているが、男性の自慢やはったりにはかなりのストレスを感じているようだ。

「私がアイデアを出して調査資料も作成したのに、同じチームの男性が、まるで自分が全部やったみたいに上司に自慢するんです。あまりにびっくりして言い返すこともできませんでした。こまかく報告するのも了見が狭い気がして、ぐっとこらえています。一度や二度じゃないから、なおさら頭にくるんです」

じつに多くの女性からこんな訴えを聞く。母性愛や犠牲の精神が強い女性たちは、自分のアイデアや自分の業績も「同僚とチームの手柄」にしてしまう傾向がある。

懐の深い上司が「今回のプロジェクトはミランさんがよくやってくれました」と褒めてくれても、「いやだ、違いますよ。ヨンチョルさんとサムシクさんが全部やったんですよ」などと謙遜してしまう。そんなふうに他人を持ち上げることは人間関係では美徳かもしれないが、職場ではマイナスだ。

男性の多くは、女性がせっせと整えたお膳にスプーン一本を置くだけで、自分が全部やったと主張する。職場は徹底した適者生存の戦場で、子どものころから戦争ごっこで鍛え、はったりが得意な男たちは、仕事の業績であれ恋愛談であれ、本能的に話を膨らませて自慢する。はったりをかまされたり、偉そうにされたりするのは嫌だが、少なくとも自分の業績は確実に報告して知らせるという姿勢は間違っていない。

文化心理学者で名講演者のキム・ジョンウン教授は、自慢をすることにかけてはピカイチだ。ドイツで博士号を取り、卓越した文章力のベストセラー作家であれば、そのままでも存在感があるというのに、どうしても自分がどんなに立派で優秀か、その都度報告する。

「ああ、おかしくなりそうですよ。講演依頼が殺到して。講演料を跳ね上げてもそれでもいいからって、もう大変だな。自分でもホント講演がうまいなあって思うからね。どこどこに書いた僕の原稿見ました？　いいでしょう？」

最近は日本の京都の美術大学で東洋画を勉強中だそうで、よく自分が描いた絵の写真を携帯で送ってくる。

最初はなんて変わった人だろうと思ったけれど、今では洗脳されて、知らぬまに「キム・ジョンウン教授＝韓国で最高の文化心理学者で名講演者、文章にも絵にも才能あふれる人」としてインプットされている。誰かが講演について相談してくると自動的に「キム・ジョンウン教授がいいですよ」と言っている自分がいる。

男だけがはったりをかますわけではない。最近では女性のはったりも増えている。最近ある席で、有名な政治家の話題になった。その人と私は長い付き合いがあるのだが、ある女性が「私、その方と親しいんですよ。最近もお会いしたんですけど……」と言う。

でも一〇年近く付き合っていると言うわりに、その方の口から一度もその女性の存在を聞いたことがなくて首をかしげていたら、周りの人たちの感嘆が続いた。「本当に顔が広いのね」「たいしたものだわ。美貌に人懐っこさまで備わっているなんて」

その女性は当然だというように優雅にほほえんでいた。私は好奇心のかたまりなので、そのあとすぐにその政治家に電話して、彼女とどれほど親しいのか、最近はよく会っているのか聞いてみた。その方は「何度か集まりで会ったことがあるけれど、二人で会ったことはないし、電話はほとんどした覚えがないよ」と言うのだった。

面識がないわけじゃないので嘘ではないけれど、真実かどうかは別として、彼女は周りの人たちに「人脈が広くて社交性に富んだ人」と刻印されている。

プロデューサーのチュ・チョルファン氏は「われわれの人生は、プロダクションが五〇、プロモーションが五〇」だと言う。自分がもつ能力や力量と同じくらい、それを他人にきちんと伝えて自己ＰＲするのが重要という意味だ。

「謙遜は美徳」と教えられ、それに慣れてきた韓国人、特に女性たちは自慢することに慣れておらず、自慢を否定的にとらえている。でも、それは二〇世紀の考え方だ。

二一世紀はモノも国も、マーケティング、すなわちプロモーションをしなければならない時代。「自分の強み」、そして「認めてほしいこと」を自然に自慢しなければならない。

世界中には卓越した才能や力のある人が大勢いて、みんな自慢の総力戦を繰り広げている。「誰かがいつかわかってくれるだろう」という考えでは、決して認められないし、静かに老いていくだけだ。

嘘は絶対によくないが、適度な自慢、才知あふれる自慢は就職のチャンスや望む部署への異動、高収入などを引き寄せてくれることを忘れずに。

驕《おご》ったり、いばったり、虚勢を張ったりしろというのではない。いい商品の機能や効用をきちんと伝えるように、自分を適切に宣伝するということだ。謙遜がどれほど重要だとしても、匿名の人にノーベル賞を贈るなどありえないのだ。

だとすると、かっこつけているとか、誇大妄想だとか、図々しいなどと非難されない自慢の仕方はどんなものだろう?

何よりまず、「自分の長所」を見つけること。誰もが客観的に認めてくれる長所を見つけだそう。長所を見つけたら、次は自分が一番すばらしいと信じこむための「自己暗示」も必要だ。そうやって、自分の最高の姿とアイデアを自負心と情熱で表現すればいい。

具体的にはこういうことだ。まず「自慢袋」をつくる。長所、関心のある分野、最近の業績、現在の関心事、他人に褒められたことなどで、その袋をいっぱいにする。

次は「ストーリーテリングの練習」だ。他人に聞かせたらどんな感じか、自慢することを口に出して練習してみるのだ。だらだらとややこしく自慢だけ並べても聞いているほうはイライラする。

自慢するには、「時」と「場所」を選ぶ必要がある。誰も、お気楽に自慢話をする時間や場所など提供してくれない。必ずしも自己紹介のときや報告書の中で行う必要はない。自分と比べて他人をこきおろすのでなければ、食事どきやエレベーターの中、自販機の前で自然にさわやかに自慢しよう。

「大学のときの第二外国語はフランス語だったんです」「資格はいくつかあるんですけど、これからどこで使おうかと思ってるところです」「うちの母がどこどこの家と知り合いなんです」「このごろ会社が終わると絵を習いにいってるんです」といった具合に。


でも心しておくことがある。自慢はしても、決して嘘はつかないこと。

一番卑しくて幼稚なのは、嘘をついて経歴をごまかす人だ。家は金持ちだ、名門大学を出ている、整形手術はしていないのにこの顔だ、といった自慢があとで嘘だとばれたときほどみっともないことはない。

重ねて強調するが、社会に出てまもないころは、嫌がられないように自慢する練習が必要だ。謙遜の美徳はのちに地位がもっと上になってから、「すべては有能な後輩たちのおかげです」と余裕で示せばいい。謙遜するのにも時期があるということだ。

「愛される」社員より「尊重される」社員になる

人間は、愛し、愛される存在だ。でも職場で重要なのは、「愛されること」より「認められ、尊重されること」。好かれようと社会で働くのではない。能力を認められ、努力にふさわしい対価を受け取るのが社会というものだ。

ところが女性たちは「愛」に命をかける。恋人に愛されようとバイトで稼いだお金でブランド品をプレゼントし、恋人の趣味に合わせてヘアスタイルを変え、つくったこともないケーキをつくり、クロスステッチに挑戦したりする女性が周りにどれだけ多いことか。

恋人同士の愛だけではない。職場でもそうだ。ある女性社員から聞いた同僚のエピソードも呆れるような話だった。

親戚のつてで入社したその女性社員は、同僚たちに好かれようと必死だったという。

お小遣いでアイスコーヒーを買ってきて配ったり、女性社員の名前に「姫」とつけて呼んだり。堂々と入社していない後ろめたさからなのかもしれないが、ともかく、同僚に好かれるために自分から召使い役を買って出た。

だが、そうすることで本当に好かれたのだろうか。話を聞かせてくれた人はこう言った。

「同性から見てもまったく情けないですよ。私たちをお姫様ともち上げて、好かれようとか感謝されようと思うなんて……。男性にそんな安っぽいイメージを植えつけるなんて、恥ずかしいし、彼女とは話もしたくないです」

新入社員だけでなく役員ですら、女性は人に愛されることが最高だと考えている。認められようと必死になり、大きく挫折したり傷ついたりするケースが多い。

ヒューレット・パッカードの元CEO、カーリー・フィオリーナが自叙伝で語っている以下の話をぜひそんな女性たちに聞かせたい。

「女性たちの最大の弱点は、周りの人たちから愛されようと努力するところにある。相手に愉快で親しみやすい人だという印象を与えたがる。でも愛されることより尊重されることのほうが大切だ。私が成功できたのは男性たちが私を黙殺することを許さなかったからだ。必要であれば彼らに挑み、彼らが理解できる言葉で話した。そして言葉より行動で私の価値を示そうとしたのだ」

フィオリーナは、女性だという理由で嫌な思いをさせたり無視したりする男性たちに対して、好かれようと愛想を振りまいたり、涙を見せたりはしなかった。ふだんは自分の仕事に集中して実力で勝負し、足を引っ張られても、イライラしたりすねたりするのでなく、男性たちが会議の席で交わすような改まった言い方で自分の要求を伝えた。

男性たちは好かれようとがんばったり、好かれなくて傷ついたりもしない。人気取りに執着するのではなく、組織の目標のためにはときに悪役すら買って出る。難しい決定を下すときは、社員に無茶な要求もするし、同僚や上司に叩かれる覚悟で厳しいことも言う。会社の代表や組織に気に入られるときだけに限られるが。

もちろん周りの人を愛し、愛されることは何より価値のあることだ。恋人に愛されていると実感する瞬間はこのうえない幸せだろう。

でも若い女性たちには、恋人に愛されるより、恋人に尊重される女性になってほしい。記念日にプレゼントをくれたり、サプライズイベントをしてくれたり、つらいときに難題を解決してくれたりするのも愛の表現だ。

でもつねに助けられ、守られ、何かをしてもらわなければならない依存的な存在になるよりは、人柄と能力に感動して尊重してもらえるほうがよくないだろうか。どんなことでもきちんと意見を聞いて、大切に扱ってくれて、心から尊重してくれる、そんな相手と付き合ってほしいものだ。

本当に尊重してくれるのであれば、こちらが望まない行動（朝まで一緒にいよう、親に内緒で旅行しよう、お酒を飲んでほしい、ベッドインしようなど）は求めてこないだろう。自分本位で愛してくる人より、一つの人格として扱い尊重してくれる相手に出会うことはとても大切だ。

そのためにはまず、自分が尊重されるような行動をとる必要がある。

職場でも同じこと。当然、先輩や上司の指示には従わなければならないし、素直な態度を見せるべきだが、どんな雑用も引き受け、何の意思表示もしないのは望ましくない。

その人の前では「はい、私がやります」と言いながら、裏で泣き、まともに対処できないのであれば、仕事が取り返しがつかなくなる前に、きちんと自分の考えを伝えるべきだ。

実力をつけつつも謙虚な態度を見せれば、周りからも尊重される。これは、職場でも家庭でも世話を焼きすぎて、この年になっても召使いのように雑用を引き受け、毎日一人でふうふう言っている私の悲しい告白でもある。

娘と観て感動したドラマ『黄金の帝国』で、パク・クニョンが自分の娘として現れたイ・ヨウォンに対して口にした言葉を私も娘に言ってあげたい。

「いい人になろうとしなくていい。恐れられる人になれ」

自分で判断して、自分で決める

「自信たっぷりに見えますね」「テレビであんなふうに堂々と自分の意見を言えるのがうらやましい」

他人にそんなふうに言われるたびに戸惑っている。声が大きくて、はっきりものは言うけれど、決して自信たっぷりではないからだ。テレビに出ているのか、他人の家のリビングでおしゃべりしているのか、特にそんなことを意識していないから、自然で堂々と見えるのかもしれない。

テレビに顔を出すようになって二〇年以上になるが、いまだにどのカメラに撮られているのかよくわからない。それにほとんどが生放送なので、画面映りや声などもモニターチェックしたことがない。ちょっと無責任な気がしなくもないが、あまり他人の視線を気にしすぎると、なんでも不自然になり、ストレスにつながるのでそうしている。

よくよく考えてみると、これまでの人生、堂々と意見を言い、自分の意志でやり抜いたことなどほとんどない。

ときどき食堂でどうしても食べたいメニューがあると、全員ジャージャー麺で一致しても私だけ「ちゃんぽん！」と注文し、場を引かせることはあるが、それですら「ちゃんぽんはちょっと時間がかかりますよ」と言われると「じゃあ私もジャージャー麺で……」とすぐに妥協する。いつも他人の意見に従って、丸く収まる生き方をしてきた。

学校選びから就職、結婚、そして現在の職場やテレビ番組や寄稿といった外部の仕事にいたるまで、自分で望んで、行きたい方向に主体的に計画してやったことはほとんどない。学校や学科も成績で決めただけで、就職も働かないといけなかったから。

結婚は相性がいいと言われたからで（だまされた！）、テレビも「出演していただけますか？」というオファーに時間と内容を検討して「はい」か「いいえ」と答えてきただけだ。

最初の本を書いたのも、強い欲求や意志があったわけじゃなく、「年をとっておばさんになったら、とにかく気楽で楽しい」と触れまわっていたら、ある出版評論家から「じつに変わったおばさんだ。では何が楽しいのか本に書いてください」と勧められ、ひと月半で書き上げた。そのあとは出版社の依頼で、印税に目がくらんで飛びついただけだ。

これまで私が築き上げてきたつまらない履歴もやはり、自分の特性と望みがつまっているというよりは、与えられた問題を解いてきた結果にすぎず、自分にとっては少しほろ苦く感じる。運よく友人にも恵まれたから、なんとか新聞記者の仕事と家庭の両立ができたわけだが、おかしな人たちからの悪いオファーばかりだったら、私の人生地図もおかしなことになっていただろう。

自分のやりたいように生き、行きたい方向に生きている人たちが周りに多い。

ある女性は三〇代初めなのに、自分の憧れの職場に履歴書を出して、年俸契約にも成功して、三月から外資系企業に勤めるのだという。最初の職場でじっくりキャリアを積み、行きたい会社の情報を集めていたら、ちょうど社員が他社に移るという噂を聞きつけて、人事担当の理事と社長に面接してほしいとメールで頼みこんだという。私の友だちの一人は、いつも要求や指示をしてくる。彼女は成功したキャリアウーマンだ。「インギョン、そのブローチ、私にちょうだいよ。私のほうが似合いそう」「その本、私が先に読むわ。一週間あれば読み切れるから」「その人にちょっと電話しておいて。私は明日電話するから、うまくやってね」

私はその友だちにお願いされると、ほぼ反射的に「そうだね、そうするわ」と答えて、心の中でぶつぶつ言いながらも全部聞き入れている。その友だちにはこちらからは一度も、何かちょうだいとか、何かをやってほしいとお願いしたことはなく、世話になったこともない。前世ではどうだったかわからないが。

なぜ私はいつも、引っ張っていかれるロバみたいに与えられた宿題だけをうんうん言いながら片づける、ぼんやりした学生のように生きてきたのか。どんなに忠実に宿題をこなしても、それは宿題にすぎない。自分がやりたいようにかっこよくつくった創作物ではないのだ。

そこで、ためしに、テレビや講演、原稿依頼が舞い込んだときに自分の主張を伝えはじめた。

「講演料はいくらでしょうか？　私の平均の講演料はいくらいくらです（以前は「お金」について口にするのはせこくて下心が見え見えのような気がして聞くことはなかった。渡される金額を黙ってもらっていた）」

「車がないのでできれば車を手配していただけると助かります（以前は地図をもらって地下鉄、バス、タクシーなどで、道を聞きながら行って疲れ果てた）」

「そのテーマより、私が読んだ本の話を書きたいですね。面白くて、働く女性たちのためになる本がとても多いんです（前は依頼されたテーマに対してほとんど口をはさまなかった）」

不思議なことに、「偉そうだ」とか、「お金に目がない」とか、「あれこれうるさい」と言われるかも、と思って以前はとても言い出せなかったことや自分の思いを伝えてみると、こちらの意見も受け入れてもらえるようになった。それはとても興味深いゲームで、自分がとても賢くなったような気がした。


心理学者たちは、人がロトにはまる理由を「自己選択権と決定権」のためだと分析している。ただ宝くじ売り場から渡されるままに受け取って、番号が当たるのを期待したり、ガリガリこすったりするのでなく、自分の意思と任意で数字を決めるから、当せんしたとき、単なる幸運の結果というだけでなく、自分の脳と努力に対する自己肯定感が生まれるのだ。

娘ももう、何をするにしても自分で判断し、決定して責任をとる年齢になった。そのためには、ただ自分を主張するだけではなく、こちらの意見に十分共感してもらえるくらいの実力をつけて才能を磨き、周りの気持ちにも配慮できる包容力がなくてはいけない。

自分のために扉が開けられることを期待する前に、自分が入りたい扉をノックし続け、食べたい果実が木から落ちる前に、取って食べる覚悟をもたなければならない。自分の意見が拒否され無視されたとしても、その過程を十分に楽しめばいい。自分は何が欲しいのか、自分の長所は何かと考えることでその分だけ成長して大人になっただけでも、十分意味があるのだから。

第五章　金曜日

一息ついていこう

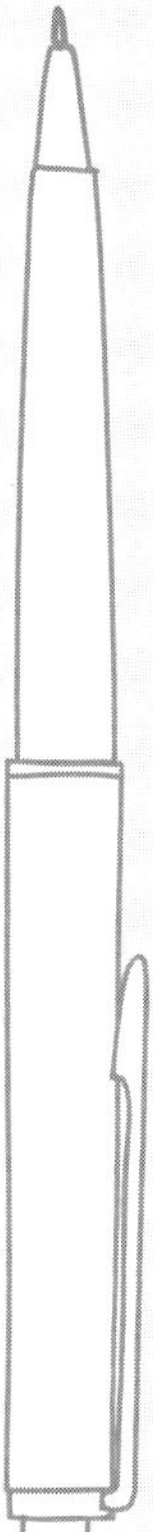

「必死に」という言葉に気後れしないで

いつものように娘とおしゃべりしていて、エネルギッシュに生きる知人の話になったことがある。

ソウルの名門大で英文学を専攻し、改めて服飾学科に編入して学位を取ったあと、美術史の勉強のために留学して修士号を取り、その後ロースクールを卒業して、最近アメリカの弁護士試験を受けた女性。外資系企業に勤務し、日夜問わず働いて認められ、フランス本社に配属された女性。自分の娘に英語を教えるうちにＴＯＥＩＣで満点を取った後輩のことなどだ。

「ママ。そんなに必死でがんばって生きないとダメなの？　もう少しのんびり余裕をもって楽しんで生きちゃダメなわけ？　勉強が好きでも博士号まで取る気はないし、大企業や外資系でスーパーキャリアウーマンと神経戦を繰り広げてストレスを受けたり、昇進が最高の報いだと信じて生きたりするなんて恐ろしいよ」

がんばって生きる人に刺激を受けてほしいとか、人生の目標を具体的に立てて生きろというつもりで例を出したのではなかった。私は記者として働きながら、炎のように激しく生きて突然事故で亡くなった人や、成功の扉の前で力尽きた人、周囲の嫉妬や罠という試練にあった人たちをたくさん見てきたので、娘の小さいころから「絶対成功しなさい」「名門大に入りなさい」「公務員試験かMBAに挑戦しなさい」などと強制したことはない。娘もそのことには感謝していた。

でも、目標や目的のためにどんな苦労もいとわずあくせく生きるのと、仕事がとても楽しくて一〇時間が一時間のように感じられてワクワクしながら働くのとは、まったく違う話だ。

TOEICで満点を取った私の後輩はとても頭がいいが、年をとってから留学したり、再就職するためにテストを受けたりしたのではない。中学生の娘に英語を教えていて、「ママだってたいして英語できないくせに」と言われないように、娘と一緒に英語を勉強していて、実力を試すつもりで受けたのだ。

ところがそうやってはじめた英語の勉強が面白くて、ちょっとがんばってみたら満点を取ったのだと淡々と（？）話してくれた。

それを聞いて「私だからいいけど、ほかの人にそんなこと話したら恨まれるわよ」と茶化したけれど、本当に楽しいチャレンジだったそうだ。ママもＴＯＥＩＣの勉強をするからあなたも英単語を覚えなさい、といった方法で熱心な教育ママをやったわけでもなかったのだ。

やっていることだけを列挙すると、私もずいぶん必死で欲張りな人間に見えるかもしれない。一〇年以上、早朝に起き出して朝のテレビ番組に出演し、その後、新聞社に行って仕事をし、取材や原稿執筆をして、講演をして、雑誌などのコラムを書き、女性記者協会などマスコミ関係者の集まりにも所属して、いちおう主婦なので家事もしながら、本も週に三、四冊は読んでいるからだ。姑が倒れたときも看病したし、一〇年間、認知症の母を呼び寄せて同居したので、そう言われたとしても無理はない。

こうして書いてみると自慢しているみたいだが、すべて事実だ。

ところが実際はと言うと……テレビ出演や講演はどちらも出演料や謝礼に目がくら

んでやったものだし、新聞社は勤め先だし、年を取って中堅記者になったらあちこち顔を出せと言われて会合に出ていっているだけなので、そんなに大変だったり疲れたりもしない。うまくやろうと気張ったりしないし、うまくできなかったとストレスを受けたりすることもない。ただ楽しくてやっていることだからだ。

何より本を読んで文章を書き、人に話すことが好きなので、しかもお金までもらえるのだから、どう感謝したらいいかわからない。二人の母親の看病も、お手伝いさんなど人の手を借りて、私は夜に少しやるだけだったからそこまで大変ではなかった。そんなことで恩に着せたらバチが当たってしまう。

「必死に」という言葉にひるむことはない。気の合う友だちとのおしゃべり、美しい旅行先、感動的な映画を観たときの胸のときめき、美術展や博物館で見つけた新しい世界、それらが与えてくれる喜びとエネルギーを思い出してみるといい。

友だちと一晩中おしゃべりしても、何時間もネットに夢中になっても、疲れたり飽きたりしないはずだ。仕事や職場でそんな喜びをつねに見出せたら、傍目《はため》にはずいぶんと必死に生きているように見えるだろう。

そうした喜びや快感は人それぞれだ。他人より早く出世することに勝利の快感を味わう人もいるだろうし、通帳の残高が増えるほど幸せで、そのためには手段を選ばずひたすら稼ぐ人もいる。同僚や先輩を踏みにじっているように見えても、本人は能力を認められてその地位についたという自負があるだろうし、富への欲望にとりつかれたら不正や不法行為にも抵抗がなくなる。

私は、芸人でもある北野武監督のこの言葉が好きだ。

「優秀なサッカー選手になりたくて死に物狂いでボールを追いかけるのもいいけれど、ただサッカーが好きで、楽しくて一生懸命走っているうちに有名なサッカー選手になったというのもステキじゃないか」

娘にも、大企業の社長や最高の芸術家になるために必死になって生きるより、そのことが大好きで、取り組んでいる瞬間が大きな喜びで、充実した時間を送っているうちに周りから認められる、そんな人間になってほしい。

「必死に」とまでは言わないが、適当にのろのろとやっていては何ごとも果たせない。情熱や喜びを感じられない人は、どんなに若くても何の価値もない屍《しかばね》と同じだ。

棺桶《かんおけ》に片足を突っ込んだ人にならないために、小さなことにも喜びを感じて魂や体を刺激してあげよう。自我よりも強い欲望に振り回されることなく、頼もしい自我をつくるようにしたいものだ。

自分だけの人生のスピードがあっていい

「友だちを見ているとあせってしまう。再履修や語学留学をせずに、最短距離で大学を卒業して就職した友だちのなかには、もう課長代理になった子もいる。私も社会経験はあるけど二〇代後半で大学院生でしょう？　自分のコースを全力疾走する友だちを見ていると、私は人生のレースですごく遅れているんじゃないかって気がするの」

娘はしょっちゅうそんなことを言う。もし数年前に言われていたら、私はこう答えていただろう。

「ねえ、お願いだから寝ぼけたこと言わないで、夏季集中講座でも受けて単位を取って、さっさと卒業しなさい。卒業前に就職先も決めて、結婚も遅くなる前にしてちょうだい。就職試験だって年齢制限があるし、出産だって早いほうが母体のためよ。いったいいつまで大学院だの留学だの、私が面倒みなくちゃいけないの」

ところが今は考えが変わった。あえて多様な経験をしようと何年も休学して世界一周に出たり、専攻を何度も変えてあちこちの大学に通って学位のコレクションをしたりするわけでないのなら、人生をゆっくり見つめて余裕をもってライフプランをつくってはどうかと勧めたい。

今や平均寿命が延びて人生一〇〇歳時代。それなのに依然として平均寿命が七〇、八〇歳台のときのスピードで生きていくのは無理がある。最近では新中年時代だと言って、六五歳までを中年に含めるというのだから。

人生は、たった一度しか走れない一〇〇メートル走ではない。長距離のマラソンだ。もちろんマラソンでも先頭集団の選手たちがそのままゴールしてメダルを取るだろうし、最下位の選手がいきなり怪力を発揮するわけではないが、序盤にぐっとスピードを上げたからといって最後までその力を維持できるのでもない。マラソンのように、人生も正々堂々と完走したい。

野球好きの人が多いのは、野球が人生と似ているからだという。圧倒的なコールドゲームでなければ、九回裏まで結果はわからず、いつでも逆転の可能性があって延長戦までいってみないとわからない。

痛快なホームランを飛ばすのも重要だが、三振してアウトを取られないようにすることも大事だし、序盤にがんばりすぎて、後半、代打を登場させるのも賢いとはいえない。


私の場合もそうだ。浪人もせず、大学卒業の年にそのまま就職した。私が記者として偉そうに記名記事を書き海外出張に出ていたころに、ようやく大学院に通ったり、新入社員で薄給にあえいでいたりした友だちはみんな、私をうらやましがった。

ところがそのとき大学院生でお金がなく、私にご馳走してもらっていた友だちは、その後、博士号も取って大学教授になり、うちの新聞にコラムを寄稿している。

三十数年前、新人デザイナーとして賞を取って、私が記事にした大学の同窓生ウ・ヨンミはその代表格だ。今はパリや東京などにショップを出し、トップスターが競ってその服を着る。世界的ファッションデザイナーという名声はもちろんのこと、ソウルの高級エリアにビルまで建て、財力も桁違いだ。

一方、私は相変わらず薄給にあえぐ記者なので、いつも彼女にご馳走してもらっているのが現実だ。それでも、私よりずっと有能な賢い友だちでも、仕事上の困難や家庭の事情で仕事を辞めていることも多いので、粘り強くここまで働いてこられただけでも私は恵まれているのだろう。

四〇歳を過ぎてようやく世間に名を知られるようになり、五〇を超えてまた勉強したいとアメリカに留学したハン・ビヤ氏が語っていた、「人間の全盛期」と「花」についてのたとえが心に響く。

「私はよく人を花にたとえる。花のように人にも咲く時期がそれぞれあると思うのだ。ある人は初春のレンギョウのように一〇代に、ある人は真夏のひまわりのように二〇代に、またある人は秋の菊のように四〇、五〇代に、そして真冬の梅のように六〇代以降に華やかに咲く人もいる。季節は違えども、それぞれの花に咲く時期があるように、人間も花開くときが必ずやってくる。その機会がきたときに決して逃さないように準備することだ。すべての人にそれぞれの速度と時間表があるのだから」

作家の故朴婉緒《パク・ワンソ》先生は四〇歳を過ぎてから最初の作品を発表している。作家としての素質があり、つねに習作を書いていたので可能だったのだろうが、五人の子をもつ家庭の主婦が四〇代で初めての小説を発表するまで、どれほどの焦りがあっただろう。ところが八〇歳を過ぎても珠玉のような作品を書きつづけ、読者からとても愛された。またファッションデザイナーのノ・ラノ先生は、いつもじっくり自分の仕事に取り組んで、八〇代後半になっても現役で活躍した。

外国の場合は満開の花がそろっている。マデレーン・オルブライト元米国国務長官やナンシー・ペロシ米下院議長など、アメリカを牛耳る女性政治家たちは、家庭生活を忠実に営んだあと、勉強を続けたりボランティアをしたりしながらその潜在力を認められ、六〇歳を超えてから官職に就いている。

今や医療と科学の進歩で、望まなくても長生きする高齢化社会だ。二〇代に人生の勝負をかけて三〇代で成功の頂点に立つことを目標にしたら、その後の人生をどうやって生きていくのだろう？　トップに居続けることなどできないのだ。

かといって遅咲きの花だけが美しいのでもなく、いつであれ花を咲かせるには、たくさんの風雨を耐え抜くことが必要だ。

私のモットーは「大器晩成」だが、きらびやかに繰り広げられるであろう華やかな老後に、すでに胸がいっぱいだ。還暦で小説家になってもいいし、七〇で腕自慢大会に出て賞をもらうこともできるし、八〇を過ぎてバレエを習うことだってできるだろう。

法頂和尚も『生きとし生けるものに幸あれ』（麗澤大学出版会）でこう強調している。「恐れるべきは老いや死ではない。錆ついた生き方をこそ恐れねばならない」「人間の目標はたくさん所有することではなく、心豊かに存在することだ」（日本語版より引用）

いくら年をとっても、自分の感覚が錆つかなければ、私たちはいくつになっても、いつでも新しいことにチャレンジできるし、達成感を味わうこともできるのだ。

娘は二〇代後半で、まだ何もできていないと焦っているけれど、人生を一日二四時間にたとえれば、二〇代後半はまだ午前八時頃にすぎない。ちょうど朝食を食べるか、出勤する時間に、何の業績もないのはあたりまえだ。

ゆっくりと人生のスピードを調整して生きよう。成功と同じくらい大切なのは、長く幸せに生きることなのだから。

「嫉妬心」と上手につきあう方法

旧世代の私には、「オムチンタル（母親の友だちの娘）」とか「アルファガール」といった言い方がとても面白い。

母親たちに言わせれば、この世には「美人で勉強もできて親の言うことも聞く友だちの娘」や「何でもできるスーパーウルトラ級のアルファガールたち」がわんさかいるようだ。自分とまったく関係なければうらやましいだけだが、身近な友だちや同僚からいつもそんな自慢話を聞かされたら、それは過酷な拷問だろう。

「まあ、前世でたくさん善行を積んだとか、国を救ったりしたのかしらね」

こんなふうに超然と言える若い女性がいたら、よほど達観しているか、完全にいい人ぶっているかのどちらかだ。

「嫉妬」はごく自然な感情だ。才能があり社交的だった音楽家のサリエリも、神が天才を与えたモーツァルトには嫉妬した。同じ血を分け合った姉妹や兄弟でも嫉妬する。嫁に嫉妬する姑の話など人生の一つの通過点といえるほどだ。

自分よりも秀でて認められている友だちに嫉妬し、それに刺激されて自分の能力をさらに開花できればいい面もあるけれど、行き過ぎると相手に対する劣等感やストレスで病気になったり、悪魔のような気持ちを抱いて犯罪者になったりする。

白雪姫の継母も年甲斐もなく若い白雪姫の美貌に嫉妬し、殺人をそそのかし、毒リンゴをもっていく。シンデレラの姉たちは妹の小さな足に似せようと自分の足を切り落としたともいわれている……。

嫉妬は、ナイフの両刃と同じだ。うまく利用すれば成長と成功に導いてくれるが、一つ間違えば破滅に追い込むこともある。

年を重ねると、自分の限界に気づき、自分の力ではどうしようもないことがあると認められるようになる。すると嫉妬の炎も鎮まっていく。

以前は私も、自分より勉強ができなかったのに名門大に入った友だち、自分より性格もよくないし顔だって普通なのに、よい条件の男性とめぐりあった友だち、自分より先に昇進した同僚、自分より稼いでいる同世代の知り合いなどに嫉妬し、胸が苦しくなった。

正直、今でも本を出すたびベストセラーの作家、孔枝泳《コン・ジヨン》氏にも嫉妬するし、こっちは召使いのような貧乏性なのに、つねに女王のごとく堂々としてカリスマ性があるペク・チヨンアナウンサーを憎らしく思うときもある。

同い年なのに次期大統領候補にも挙げられるパク・ヨンソン議員に嫉妬心を感じて「中学高校のときはたいしたことなかったって聞いてるけど……」と独り言を言ったり、大企業の幹部にスカウトされたある女性幹部の昇進の知らせには、つい「ほかに人がいないからよね……」と彼女の成功を否定したりしている。娘は私が誰かの悪口を言うと「ママよりすごいから嫉妬するんでしょ」と痛いところを突くのだが……。

だから若い女性が誰かに嫉妬するのは当たり前のことなのだ。そういう感情がまったくないとしたら、そちらのほうが普通じゃない。他人の幸せに拍手喝采ばかりを送れるわけがないからだ。

無理して優雅なふり、いい人のふりをして嫉妬心を押さえつけずに、相手の成功を教訓にして奮起するとか、相手の長所を研究してベンチマーキングでもするほうがずっといい。

アメリカのボストン出身の心理療法士、カレン・ピーターソンは、コラムで若い女性の嫉妬心、特に近しい友人への嫉妬心に対する賢い対処法を提案している。アンジェリーナ・ジョリーのセクシーさやマドンナのスター性への嫉妬とは無縁でも、よく会う友だちへの嫉妬心は、うまくコントロールできないと互いに苦しいからだ。

まず「違いを認めて乗り越えること」。友だちや同僚の成功や才能は、私たちのものを奪ったからではなく、彼女自身の努力の結果だ。あるいは生まれついた運命かもしれない。だからそのまま受け入れよう。「彼女は前世で国を救ったのかもしれない」と考えて気持ちを落ち着かせるほうがずっと楽だ。

そして「何を妬《ねた》んでいるのかを正確に分析して、把握すること」。習慣のようにうらやましがっているのか、その人のどんな部分に対して嫉妬してしまうのかを知る必要がある。そうすれば、いじわるな魔女ではなく、こまやかな心理学の大家になれる。

そして「逆に嫉妬心を人生の原動力にするように」と、ピーターソンはアドバイスする。自分がうらやましがって嫉妬している相手が、どうやってそれを手にしたか分析してみるのだ。

A評価がずらりと並ぶ成績表や奨学金、公募展での受賞、かわいがってくれる年上の人たち、途切れることのない異性からの好意、そのうえすらりとしたスタイルなど、何一つただで手にしたものはないはずだ。夜中まで勉強したり、先輩に助けを求めたり、にこやかな愛嬌のある態度をとったりするなど、よく分析して、研究して、努力すればいいのだ。

その友だちを超えられるという保証はないが、「なんなの、あの子！」といじわるをしたり、人形に針を刺したりするような人になるよりは、ずっと大きな成長のチャンスになるだろう。

いつも嫉妬心を刺激してくれるいいライバルは、自分を成長させる原動力になると肝に銘じておこう。そういうライバルは倒す相手ではなく、エネルギーを刺激する存在とだけ思えばいい。

自分が嫉妬されることもある。娘は、鼻ぺちゃの人からはその高い鼻を、暗い性格の人からはとにかく明るく朗らかな性格を、そしてふだん勉強していないのにそこそこの成績を取ることを嫉妬されることもあるだろう。

そんなとき、相手を見下したような表情は禁物だが、かといって、あわてて否定する必要もない。たくさん努力をしたのだと伝えたり、本当のことを説明したりすればいい。

私も少しは変わった。若く見えると言われたら、以前なら「そんなことないわ。よく見れば小じわだらけよ」とか「いつまでも子どもだからでしょう」などと答えていたけれど、最近は「一応これでも気を使ってるんです。目元のしわ防止のアイクリームも高いのを塗ってるし、時間があればマッサージもして……。世の中、ただで手に入るものはありませんよ」と言っている。

四〇を過ぎてさらにきれいになっていくキム・ヒエやコ・ヒョンジョンのような女優さんの肌が妬ましく、その化粧品を使ってもたいした効果はないけれど、それでも彼女たちのおかげで、私の肌も少しはいい状態になったと信じている。

オリジナルを目指す

美容室に行くと、「女優のキム・ヘス風にカットしてください」とか「イ・ヒョリみたいに真っ黒に染めてください」などとリクエストしている光景を目にする。東大門《トムデムン》のような市場でも同様だ。おばさんたちはみんな、「チョン・ジヒョン・コート」「イ・ジアのダウン」など芸能人の名前がついた服を購入する。

それだけではない。友だちが二重まぶたの整形手術をしてかわいくなったからといって自分も整形し、いとこが漢方で痩せたと聞けば体質も考えずにまねしてその漢方薬を飲み、ドラマの主人公が輸入車に乗っていたからといって同じような高価な車を買う。

それはすべて、もっときれいになりたい、洗練されたい、タレントのようになりたいと思ってのことなのだろうが、結局は他人の人生のまねにすぎない。見た目や服装などはいいとしても、誰かが海外語学研修に行くから、ロースクールに行くから、株をやっているからというだけで、それに続く人たちがどれだけ多いことか。

かくいう私も彼らを悪く言う資格はない。七〇代なのにエレガントでおしゃれなナンシー・ペロシ米下院議長の大粒の真珠のネックレスがステキで、デパートのセールのときに似たような偽真珠のネックレスを買ったし、生まれつき肌が美しい友だちをまねて、彼女が通う皮膚科のマッサージに無駄金を使ったし……。

流されやすい自分が恥ずかしい。でも、そんなふうに他人をまねるのは昔からのようだ。だからこそショーペンハウアーも、「われわれは他人と同じようになろうとして、自分の四分の三を失ってしまう」と言ったのだろう。

もちろんその人に似たいと思う「理想の人」がいて、その人の態度や表情、趣味をまねることで自分を成長させるというケースもある。

チャン・ソンミン前議員は自分のヒーローである金大中元大統領が賭け事やゴルフが嫌いなので、自分も絶対に花札やゴルフをしないと言っていた。朴槿恵《パク・クネ》前大統領は母親の陸英修《ユク・ヨンス》のヘアスタイルをまね、慈悲深く親しみやすいという自分自身のイメージづくりに成功した。

重要なのは、何をするにしても、人のまねをする前に自分の価値を認め、アイデンティティを尊ぶことだ。


女性のもっとも魅力的な財産とは、「個性」ではないだろうか。この世の中には美しくてセクシーで愛嬌たっぷりの女性たちが山ほどいる。平凡な自分に不満を抱き、情けなく思うこともあるだろうけれど、イメージだけを中途半端にまねても自分自身が失われてしまう。むしろ平凡さが最大の武器で、魅力になることもある。

とはいえ、ありのまま、何も考えずに生きればいいわけではない。自分だけの魅力と個性を引き出して、一番いい姿を見せるのだ。

まずは自分を冷静に分析し、長所と短所を明確にする。自分の外見上の特徴、学歴や資格、性格の長所と短所、ほかの能力などを冷静に検討してみる。お笑いタレントのパク・キョンリムが、えらが張った四角い顎を整形してシャープな顎になったとしたら、コメディアンのパク・ミョンスが急におとなしくなったとしたら、変わらぬ人気を保てるだろうか。

ある記者が、女優のペ・ドゥナにインタビューしたとき「コピーできないオリジナル」という表現を使っていた。決して典型的な美人タイプでもセクシーなわけでもないが、彼女だけの自由奔放さとナチュラルさが、似たり寄ったりの整形美人たちの中では余計に際立つことから、そんなふうに表現したのだろう。

誰もがオリジナルになるべきだ。自分以外の人になろうとがんばらなくていい。その人だけの輝きを見つけたとき、その人の魅力が感じられるものだから。

自分の長所と短所を把握して、それを最高の形にした代表的な人物がジャクリーン・ケネディではないだろうか。

王室がないアメリカ社会で女王扱いされたジャクリーンの最初の夫はアメリカ大統領、二番目の夫は世界最大の富豪、そして最後までそばにいてくれた恋人はダイヤモンド商で高い知性を誇る人物だった。令夫人のときに彼女と出会った、ド・ゴール仏大統領、ソ連のフルシチョフ書記長といった名だたる指導者たちですら、彼女の魅力に感服したという。

今見ても品がありシンプルな彼女のファッションセンスは「ジャッキースタイル」

と呼ばれている。なぜ数多くのファーストレディの中でも彼女だけが、ここまで魅力的な女性として記憶されるのか。

ジャクリーンは自分で「目と目のあいだが離れすぎて、よほど大きなサングラスでなければ目が隠れない。頭が大きすぎて合う帽子を探すのに苦労し、デパートを二週間探し回った」と表現するように、完璧な美貌ではなく欠点も多い顔だ。

ところが欠点を隠したり、整形手術や濃いメイクでごまかしたりしようとはしなかった。大きな頭は逆に小さな帽子で独特の個性を表現し、骨格のしっかりとした体に単純なラインやモノトーンの洋服を着ることでジャッキールックをつくった。

当時は、セクシーなマリリン・モンロー、気高いグレース・ケリー、清楚なオードリー・ヘップバーンなどが人気だったが、ジャクリーンはその誰もまねしなかった。もし角張った顔に直線的な体つきのジャクリーンが、マリリン・モンローのように赤いリップスティックを塗り、ホルターネックのドレスを着たり、オードリー・ヘップバーンのように少女風のフレアスカートを着てショートカットだったら、どうなっていただろう?

独身時代から名うてのプレイボーイで、結婚後も派手な女性遍歴を重ねた夫、ケネディ大統領に対しても、美貌で勝負などしなかった。どんなセクシーな女性にもまねできない教養とインテリジェンスで彼を魅了したのだ。

英語はもちろんのことフランス語、スペイン語、イタリア語をマスターし、多様な民族が集まったアメリカの有権者たちに愛され、海外訪問先でもその実力と魅力で令夫人の役割をしっかりと果たした。

いろいろなアンケート結果を見ると、男たちは概して、長いストレートヘアにくりっとした目、ミニスカートの女性を好むようだ。それを模範解答として、髪を伸ばし、二重まぶたに整形し、スカートばかりはいて、多くの男性の好みに合わせて万人の恋人になろうとするのは、幸せではなくホラーやカタストロフに近い。

自分だけの個性を大事にして、それを好きになってくれる一人の男性に出会うほうがずっといい。男たちは当然かわいい女性が好きだけれど、きれいなのは三日で飽きるといわれる。そうでない女性にも三日で慣れて情が湧くのが人間の常だ。

今、娘はフリーだけれど、娘のようにサッカー好きで、現代アートに興味があって、とても面白い女の子が好きだという男性にいつかきっと出会えるだろう。人それぞれ、好みのタイプは違うのだから。

自分だけの個性をつくろう。男女関係だけでなく社会生活でもそれは重要だ。無理して繕って人を引きつけるのでなく、自分だけの魅力で人が寄ってくるようにすればいい。最後に『ハムレット』のポローニアスのセリフを教えよう。

「己に忠実であれ！」

見た目のお手入れをこつこつ続けるべき理由

広告代理店の幹部の女性とランチした。美貌に優れた能力、それに家族円満と、何一つ不自由なく見える女性だ。ところが、こんな泣き言を口にした。

「私が大きな契約を取ってくると『キム局長の色仕掛けが通じたんだよな』と言われるんです。不愉快になるけれど、なんだかもやもやするのは、それがまったく根拠のない話じゃないということなんです。きちんとメイクして洗練されたスカートのスーツ姿で行くときと、適当に化粧してパンツスタイルでクライアントに会うときを比べると、確かに相手の集中度が違うんです。

四〇代という私の年齢を考えれば、性的な好奇心ではなさそうですから、冷徹なビジネスの世界でも見た目が影響を与えているという証拠なのでしょう。専門書を読むよりリフトアップマッサージを受けたほうが有利だと思うと、憂鬱《ゆううつ》になります」

就職活動中の娘がいる母親たちの悩みも「改造《リモデリング》」だ。

就職や結婚前の娘に母親がしてあげられることは、就活戦略や女性としての品性を教え込むことではなく、美貌に足りない部分を整形手術などで整えてやることだという。ちょっと苦い気持ちになるが、それが韓国の現実だ。母親同士が集まれば、こんな会話が飛び交うのだ。

「娘に大学の専攻が気に入らないなら大学院に進学したらと言ったら、その学費で四角い顎《あご》と鼻を整形手術して、歯科矯正まで受けさせろって言うのよ。今や猫も杓子も行く大学院に行ったところで競争力にならないけれど、美貌が際立てば就職に有利だからって」

「そうなのよ。うちの姪っ子も名門大を出ても二〇社くらいの面接に落ちて、半年間就職できなかったのに、二重まぶたと頬骨を手術したら入社が決まったの。手術したら自信がついて態度が変わったのか、それとも会社がいまだに見た目で判断しているのか、わからないけど」

アメリカをはじめ各国から「美容整形共和国」というありがたくない名を頂戴した

韓国の現実が恥ずかしく、暗澹《あんたん》たる思いだが、「それが世の中の知恵」なのだからどうしようもない。度の過ぎた外見至上主義に、美を追い求める傾向が極端なところまできている。国民的な運動でも繰り広げない限り、こうした風潮は簡単には変わらないだろう。

美しさを拒絶する人はまずいない。哲学者のアリストテレスですら「容姿の美しさは最高の推薦状だ」と言っている。

私の好きな作家で映画監督でもあるノーラ・エフロンも、自身の著書で「私の人生でもっとも後悔このうえないこと、ニューヨークイースト七五番街のアパートメントを買わなかったことよりも悔いが残るのは、若いうちに自分の首を十分に磨いておかなかったことだ。あのときはハリのある首に感謝すべきだなんてこれっぽっちも思わなかった」と告白している。

優れた知性と才能の持ち主のノーラですら、もっとも悔いていることが首のお手入れをしなかったことだなんて……。まあマデレーン・オルブライトやコンドリーザ・ライスのような米国務長官たちも、服装やブローチなどのアクセサリーにものすごく気を使っていたものだ。

ところで、「美貌」というのは、美容整形やメイクで偽装するのがすべてではない。

整形手術でつくられた、どれも似たような大きな目や高い鼻、ふっくらした唇は違和感を抱かせることがある。代わりに、きれいで透明な肌、つやつやした髪、引き締まった体、いつも輝いている歯など、生まれつきでもあるけれど、手抜きせずにつねにケアされた容姿が重要なのだ。

顔はとんでもなくきれいなのに、とうもろこしのひげみたいなつやのない髪、華やかな格好なのにサンダルから見える踵のたこ、細くて長い脚に生えた毛、ほほえんだときに赤い唇のあいだから見える黄ばんだ歯などは、きれいでない女性を見たときよりもずっと衝撃的で裏切られたような気持ちになる。

私が新入社員だったころはまだ、化粧をするのが普通ではなく、特に濃いメイクは軽蔑《けいべつ》の対象だった。だが最近では、むしろすっぴんは相手に対するマナー違反だと思われる。夫の葬式であっても、うっすらとメイクをするのが礼儀と思われるようになった。外見を整えないのは無神経で無責任で、手を抜いている女性だと思われてしまう。

アフリカなどの途上国で活動する人道支援活動家のハン・ビヤ氏は、ふだんはほぼノーメイクで服装にもまったく気を使わないというが、女優のキム・ヘジャ氏にこんな助言をされたらしい。

「あなたも私も、いつも胸が痛むような話を人にしないといけないでしょう。伝える話がつらくて難しいほど、伝える側の人間は魅力的でないといけないと思うの。協力してほしいとお願いする人が魅力的であれば、さらに多くの人に助けてもらえるのよ」

私も過去の偏見、つまり「美に時間と費用をかけるのはもったいなく、頭が空っぽの女たちがやるものだ」という考えから、外見にさほど気を使ってこなかった。娘の表現を借りれば、ほとんど原始人レベルだそうだ。

エステのスキンケアもあまり受けたことがないし、日焼け止めをこまめに塗りはじめたのもここ一、二年のことだ。ようやくアイクリームを丁寧に塗ったり、美容専門家たちが口をそろえて薦める保湿パックを週に一度やりはじめたりしたくらいだ。メンテナンスをはじめたのが遅すぎて、その分お金がかかってしまう。

最近、『エロティック・キャピタル』（キャサリン・ハキム著、末邦訳）という本が出たので読んでみた。この本で強調するのは、「女性も男性も、知能や体力と同じように自分の容姿や性的な魅力を資本にして、それをうまく活用することで成功し、欲しいものを手に入れられる」ということだ。

本を読んで教養を深めるように、美しさをきちんと管理することもすべて、自分への投資であり、自分を愛することだという。

あの孔子も数千年前に、毎朝起きると手のひらをこすって顔を何十回も撫でつけたという。最近流行の「フェイシャルハンドマッサージ」の元祖ではないか。

大統領をはじめ男性の政治家たちも、いつも軽くメイクして肌のお手入れをしてもらっている。

他人に見せるためではなく、自分のもつ資産を大切にして管理するためには、二〇代からこまめに顔をマッサージしてストレッチなどもやらないといけない。そうは言っても、親のクレジットカードで美容皮膚科やスパに通ったり、最高級の化粧品を買ったりしろというのではない。

あまりに若いときから中年女性向けの高級化粧品を使えば、肌の自己回復力が落ち、ピーリングやレーザー治療を何度も受ければ肌が餃子の皮のように弱くなって伸びてしまう。

二〇代の若いころよりずっと肌もきれいで、ステキに年を重ねているタレントのキム・ヒエ氏は、若い女性たちのための講演でこう言っている。

「何ごとも一生続ける覚悟で、こつこつと続けるのが美しい容姿を保つコツです。私は、キュウリマッサージが肌にいいと聞けば、何度かやって止めるのでなく、ずっと続けます。習慣のように根気強くやることが大事です」

母親の私の言うことを何かにつけて無視する娘も、この言葉には同意していた。「最高級の化粧品」ではなく、「地道な生活習慣」が大切だということに。

キリスト教の信者が毎日祈りの時間をもつように、娘にも、祈るように自分の外見をお手入れする時間をもってほしい。いい遺伝子をあげられなかった母親のずるい忠告ではあるけれど……。

感謝するから、幸せになれる

赤貧のシングルマザーのもとに生まれ、母親の懐ではなく祖母の手で育った。幼いときは暴力や飢えが当たり前だった。

一〇代で実の父を捜して父の故郷に行ったとき、そこでおじと従兄弟から性暴力を受ける。一四歳で出産と同時にシングルマザーになったが、赤ん坊は生まれて二週間で死亡。麻薬中毒の恋人に愛されたくて自分も麻薬を常習する。ストレスのたびに過食に陥り、体重は一〇七キロになった……。

世の中にこんなにめちゃくちゃな人生があるのだろうかと思ってしまうが、このストーリーは、世界中の一億四千万の視聴者を笑わせ、泣かせるトークショーの女王、オプラ・ウィンフリーの履歴書だ。最近は米ホワイトハウスの執事の話を描いた『大統領の執事の涙』という映画に出演して、見事な演技力も披露している。

彼女は毎年『フォーブス』や『フォーチュン』といったビジネス誌で「世界一の金持ち、世界一稼いだ女性」に選ばれ、人々から愛され尊敬されるアイコンになった。依然として人種差別が根強いアメリカで黒人のオバマが大統領になったのも、やはりオプラが積極的に支持したおかげだと言われるほど大きな影響力をもつ。


彼女が司会を務める『オプラ・ウィンフリー・ショー』や、彼女が毎月表紙モデルとして登場する雑誌『O The Oprah Magazine』を見ると、彼女の成功の秘訣を知ることができる。彼女はつねに感謝を忘れず、毎日「感謝日記」をつけているという。

彼女について書かれた本は数十冊にのぼるが、どの本にも出てくるのが父に教えられたというこの「感謝日記」だ。世界一多忙な一人だが、食事以外に一日も欠かさないのが、毎日この感謝日記をつけることだという。

「当然でしょう？　財産が数十億ドルであちこちに豪邸や自家用ジェットまであって、大統領はもちろんトム・クルーズまで友人なのに感謝しないほうがおかしいわ」

ところが、実際、彼女が日々つけている感謝日記は「今日、財産がこれくらい増えて感謝します」とか「ブラッド・ピットと食事した。ハンサムと会えたことに感謝します」などではないのだ。本当に誰にでも起こる平凡なことに、心から感謝しているのだ。

今日もすっきりと目覚めることができて感謝します。
ひときわ澄んだ青空を見ることができて感謝します。
ランチにおいしいパスタを食べることができて感謝します。
憎らしいことをしてきた同僚に腹を立てなかった自分の我慢強さに感謝します。
いい本を読んだ。その本を書いてくれた作家に感謝します。

どれだけささやかで素朴な感謝だろう。
オプラ・ウィンフリーは感謝日記をつけることで、二つのことを学んだという。一つは「人生で大切なことは何か」ということ、もう一つは「人生のどこにフォーカスすべきか」ということだ。

アメリカの長寿番組の名アンカー、デボラ・ノーヴィルは、オプラ・ウィンフリーと対照的な人物だ。金髪美人で家庭環境にも恵まれている。

それでも彼女も熾烈《しれつ》な戦場のようなアメリカのテレビ界で成功した秘訣を「サンキューパワー」だとして、同名の本を執筆している。

「世界でもっとも難しい計算があるとしたら、それは私たちに与えられた祝福を数えることだ。不幸な人たちは自分がもっていないものばかりに目をやって嘆く。一方、幸福な人たちは自分がもっているものに十分満足して感謝をする。

感謝という注射を毎日欠かさないことだ。試練という病魔に出会ったとき、ほかの人よりも早く打ち勝つことができるだろう。人生で重要なのは、よい師匠、よい友人、よい人にたくさん出会うことだ。そして人間関係のポイントは正直さと感謝だ……。日々喜びを感じながら生きていくこと、それこそがこの世の中の最高の芸術だ。私たちは最高の芸術家になることができるのだ」

韓国で成功者と認められている人たちにインタビューして気づいたのは、彼らには「感謝の心がある人」という共通点があることだ。

職業や性格は違っても、自分が信じる神、親、配偶者、同僚、友人たちに感謝している人たちだった。受けた恩恵と祝福にだけ感謝するのでなく、直面してきた不幸や苦しみにも感謝していた。

韓国のトップデザイナー、ジン・テオク氏は八〇歳を過ぎているが、いまだに現役として大活躍、最近も少女のような好奇心で世界各地の博物館や展示会を訪ねてはインスピレーションを得ている。

彼女は富も名誉も手にしているが、これまで人間としての苦しみやデザイナーとしての苦悩も多かったはずだ。だがむしろ、それらに感謝し、受け入れている。

「八〇年も生きていると、世の中に価値のないことはないと思う。ぞっとするほどつらいことがあっても、なんとかそれを耐え抜けば、その分の恵みや喜びがついてくるものです。死ぬほど病気で苦しんだからこそ、よくなったときにその分、生きている喜びや命の大切さが感じられるようにね。

だから最近は何か大変でつらいことがあっても、自然と笑顔になる。今回やってきた苦しみの背後には、どんな喜びや幸せが隠されているんだろうって。だからつねに、与えられた幸福に対してだけでなくて、しのびよってきた苦しみに対しても感謝の心を抱くようになりました」

私の母は認知症で闘病中だが、私がやれどもやれども終わりのない仕事に疲れ果てていたとき、彼女が聞かせてくれた話は、私にとってこれ以上ない慰めになった。

些細なことにも感謝し、誰にでも「感謝します」「ありがとうございます」と言葉で表現すれば、そこには人が集まり、幸運がついてくるとわかったからだ。


能力や容姿には恵まれているのに、いつもうまくいかない後輩がいた。私も何度か仕事や人を紹介したが、毎回いい結果に終わらない。そして一度も、「気を使ってくださってありがとうございました」とは言われなかった。それどころか、どうしてあんな人を紹介したのかと文句を言われたり、少ししかお金をくれなかったと不平を並べ立てられたりした。

もしその後輩が、一言でも「いつも力になってくれて本当にありがとうございます。仕事を任せてくれた方にも心から感謝しています」と言っていたら、今でも私はいい気分で仕事を紹介していただろう。仕事に最善を尽くさないことより、感謝の言葉を言えないことが、その後輩の致命的な弱点だったのだ。

私がしょっちゅう娘にちょっとしたものを買ってあげるのも、娘がほんの小さなプレゼントに対しても大げさなほど感謝してくれるからだ。

デパートで服を買ってあげたらあまりに何度も「ママ、ありがとう。ありがとう」と連発するので、お店のスタッフに「実のお母様ですか？」と聞かれたぐらいだ。感謝の言葉を繰り返す娘が、継母から久しぶりに何か買ってもらって感謝しているかのように見えたのだろう。

「ありがとうございます」はもっともシンプルな言葉だけれど、恐ろしいほど効力がある。日々ごはんを食べてお茶を飲むように、あるいは歯を磨くように、日常生活の中でこの感謝の言葉を習慣化したいものだ。

感謝の言葉はいくら乱発しても言い過ぎの副作用はまったくない。もちろん、心のこもらない「ありがとう」は留守番電話サービスの「ご利用ありがとうございました」と変わらないけれど……。

すべてはアティテュードの問題

インタビューをよくしていたころのことだ。チン・デジェ前科学技術情報通信省長官は「アルファベット遊び」にはまっていた。

海外の知人から教わったというその遊びは、最初のAが一点、二番目のBは二点、最後のZは二六点もらえるというやり方で、一つの単語の点数を出し、自分の人生で重要で必要なものを見つけるという一種の知的ゲームだ。講演のときによくこのゲームをやっていた。

「一〇〇点の人生を送るには何が一番大事でしょう?」チン・デジェ前長官は、そう言ってはじめる。

「一生懸命仕事だけすれば(hard work)百点の人生を送れるでしょうか?　いいえ、この単語のアルファベットを合わせると九八点です。知識(knowledge)が豊富だと九六点、愛（love）にあふれていても五四点の人生にしかなりません。でも『態度（attitude）』は一〇〇点になります」

心がけによって、または態度によって一〇〇点の人生を生きることができるというわけだ。私も、attitude、そう、態度がとても重要だと思う。

さまざまな人に出会う中で学んだことは、「態度《アティテュード》の大切さ」だ。誰かに感動したり、反対にストレスを受けたりするのも相手の態度による。

狭量な、ずるい、みみっちい、卑劣な、礼儀知らずの、生意気な、無礼な、卑屈な、だらしない、シニカルな、裏表のある、わがままな、腹立たしい、ふてぶてしい、図々しいなど、相手に不快感を抱くのはすべてその人の態度に対してだ。

でも「態度」とは、単純にその人の姿勢や行動だけを意味するのではない。態度は長いあいだの考え方や習慣の表れでもあり、自分に訪れることや問題に対して心を決めて行動に移す生き方のことだ。

幸せな人というのは、恵まれた環境にいる人ではなく、よい態度の人ではないだろうか。

これまで記者としてインタビューやさまざまな集まりで出会ってきた多くの人の中で、印象がよくてまた会いたいと思う人は決まって、派手な外見や巧みな話術や財力のある人ではなく、好感のもてる態度やポジティブな考え方の人だった。どんなに有能な実力者や有名スターであっても、態度がよくない人とはまた会いたいと思わない。彼らの腹立たしい態度に耐えるのは、時間の無駄づかいだ。

十数年前のことだが、KBSの『テレビ生活法廷』という番組に出演したことがあった。実生活の中で起こった出来事について、依頼者とその相手が直接出演して、それぞれの立場を語り、裁判員たちから「判決」を受けるという番組だ。

「写真スタジオでウェディング写真を台無しにされた」とか、「買ってすぐに壊れた品物を返品してきた」など、事情はさまざまだが、あとで下される判決や傍聴者と視聴者が予想する判決結果には、事件の真実ではなく双方の態度が大きく影響していたようだ。

テレビ出演までする理由もやはり、相手の態度に互いに不満をもっていたからだ。

「あなたがあのとき謝りさえすれば、こちらもこんなことはしなかった」「お宅がそうやって騒ぎ立てて恥をかかせなければ、弁償していた」とお互いの態度をなじることが多かった。そして不思議なことに「心からお詫びします」という言葉に、あれほど怒っていた人が雪が溶けたように穏やかになる。

ポジティブな態度は周囲によい印象を与えるだけでなく、極限状況や困難を乗り越える力にもなる。

第二次世界大戦当時、ナチスの捕虜収容所にいた人の中にも、死の恐怖に勝てずに亡くなる人もいれば、「それでもいつかは自由を取り戻せるはずだ」というポジティブな信念で生き延び、解放の喜びを味わった人もいる。

がんになったときも同様だ。同じがんになっても「ああ、もう私は死ぬんだ。ストレスががんの要因というけど、これもすべて夫に苦しめられたせいだ。夫は敵よ、敵」と嘆くだけの人は命を縮める。

一方、「がんという神様が私のところにやってきたのね。ちゃんともてなして帰してあげよう」「ここまで生きてきただけでもありがたいのだから、美しく人生を終えよう」という態度を見せる人は、医学的な余命以上に長く生き、いつも心穏やかでいられる。

世界的ベストセラーとなった『こころのチキンスープ』（ダイヤモンド社）は、三年間で三三回も出版社から出版を断られた作品だ。

それでも、著者のジャック・キャンフィールドとマーク・ビクター・ハンセンは落ち込んだりはしなかった。三三回も断られながら、三四番目の出版社を訪ねさせたのは、まさに二人のポジティブな態度だ。
一、二度断られてあきらめていれば、今日の勝利を味わうことはできなかったはず。毎年入ってくる数百万ドルの印税も手にできなかっただろう。
「態度」は、過去よりも、教育やお金や環境、失敗や成功より重要だ。他人の考え、言葉や行動よりも重要で、容姿や才能、技術よりも重要だ。

私たちは、その日一日を受け入れる態度を選ぶことができる。過去を変えることはできず、他人の特定の行動パターンを変えることもできない。必然も変えられない。できることは、私たちがもっている手綱で自分自身の態度を操ることだけだ。

人生は、自分の身に起こることが一割、それに対する反応の仕方が九割だ。

それはあなたにも同じこと。自分自身で自分の態度を決めることができる。

ある本で読んだチャールズ・スウィンドル牧師の言葉に感銘を受けて、私は最近「態度」を改めている。これまで私は困難にぶつかると逃げるか不満を言うだけだった。自分を苦しめる人を恨み、自分の運を嘆いていた。

「あの人はなんでこんなつまらないことで腹を立てるんだろう？」「図々しくもよくあんな要求ができるものね」「神はいったいどれだけ私を鍛えようと、こんなことで試すのか、ああ、なんてことだろう」

でもこれからは、なんでもポジティブな態度で受け入れようと思う。

「ふふん、あの人ったら、こんなことでえらく神経質に反応するのね。次はたっぷり褒めて自尊心を満たしてあげよう」「あの図々しさもたいした武器ね。私もいつかあんな手を使ってみよう」「苦い杯も拒否ばかりしないで、進んで飲んでみよう。苦いのにも甘いのにも意味があるだろうから」

作家のキム・ヒョンギョン氏がうちの新聞の読者を対象に講演したことがあった。精神分析を長く勉強した彼女は、興奮しやすく怒りやすい人は結局、相手やその状況ではなく「怒っている自分に怒っている」のだという。小言が多い上司に腹を立てているのではなく、そんな上司が我慢ならない自分に腹を立てているという分析だ。だから心の態度を少し変えれば、腹を立てることも減るという。

文句を言ってため息をつくより、「どんなことにもメッセージがあり、どんな人も自分にとっては勉強になる教科書」だと心に言い聞かせれば、呼吸も楽になるだろう。人生は、心がけで実際に変わってくる。心がけしだいで天国か地獄かが決まる。

誰にでも公平に訪れる一日、それを朝起きて笑顔ではじめるか、文句で一日のはじまりを迎えるかは選ぶことができる。笑顔か皮肉か。どんな態度をとるかによって人生は変わってくる。不安と心配だらけの心で人生をホラー映画ややるせないブラックコメディのようにせず、楽しい気持ちで明るいロマンチックなドラマにしてみよう。

サルトルが言うように、人間はどんなに偉そうにしてもB（Birth、誕生）とD（Death、死）のあいだに閉じ込められた存在だ。そしてそのあいだのC（Choice）、賢い選択をすることが重要なのだ。

でももっと重要なのはアルファベットの先頭のA（Attitude）ではないだろうか。だから、「態度」が人生の質を決めるということを忘れないように。

毎晩、ほかのことをしよう

歌手の趙英男《チョ・ヨンナム》氏は自らを地空禅師〔地下鉄乗り放題の老人の意〕やＤＫＮＹ〔独居老人の意〕と呼んで楽しんでいる。そうは言うものの、芸能人が住むエリアでももっとも高級とされる清潭洞《チョンダムドン》のマンションで折々に訪ねてくる若い友人たちに囲まれて過ごしている。

毎日、ＭＢＣラジオのパーソナリティーを務め、各地のコンサートやフェスティバルに招かれては全国を駆け回り、美術展を開き、合間に執筆もして、天才詩人といわれた李箱《イ・サン》の評伝も出した。

ヘア・デザイナーの故グレイス・リー氏は七〇歳を過ぎて三種類のがんになり末期がんと宣告されたが、亡くなる直前まで常連客の髪をカットし、ファッション雑誌『BAZAAR』に料理のコラムを連載。統営《トンヨン》で中華料理店も経営して、国内はもちろん海外にいる知り合いや弟子たちからちょくちょく連絡をもらっては食事に招待するなど、多忙な日々を過ごしていた。

この二人がそんな楽しい賑やかな老後を過ごしているのは、たくさんのこと（？）をしているおかげだ。

一つのことを究める人生をよしとする風潮があるが、自分の職業や本業にだけ没頭しすぎると人生のバランスが取りづらくなる。しかも、近頃のようにマルチな才能が求められる時代には、趣味やほかのことにも関心を注ぐべきだろう。

取材で知り合ったある女性教授が最近、定年を前に早期退職した。定年まで働くには体調がすぐれず、教育環境があまりに変わってしまったためもあって、六〇歳になる前に退職したのだ。たっぷり退職金ももらったようで、これから自由（？）の身になる彼女がとてもうらやましかった。

「いいですね。これからは悠々と楽しく暮らせるじゃないですか。思う存分旅行もして、趣味の活動もいろいろやってくださいね。立派に優雅に生きてこられたのだから、これからは野性的にセクシーに生きるのもいいんじゃないですか」

笑わせようと思って言ったその言葉に、教授は寂しげにほほえんでこう言った。

「自信がないんです。何か大きな意志があって退任したわけでもなくて、とにかく疲れて早期退職したんです。遊んだり楽しんだりしたくても何をすればいいのかわからなくて。ずっと学校と家の往復で勉強ばかりしていましたから。

旅行も元気なときに行っておくべきで、関節が弱くなって長時間は歩けないんです。専門書以外の本も『今度時間ができたら読もう』と書斎に積んであるのに、目が痛くて何ページも読めないし。だから後輩や弟子たちに言ってるんですよ。ほかのこともやったほうがいいって。使命感でやってること以外に、ただ楽しむだけのこともやりなさいって……」


社会や職場で認められて成功のトロフィーを授けられた女性でも、実際はうつ病に苦しんでいる人が多い。

ある女性は、現在の高くて立派な回転椅子からいつ転げ落ちるかわからないという不安に耐えられずに心療内科に行くと、医者にこうアドバイスされたという。

「なぜ人生の目標が仕事や職場での成功や達成感だけだと思うんですか？　それは一

生懸命、最善を尽くして働いたことへの報いであるだけで、あなたの人生の本質ではないんですよ。ときには家族のために料理することが、職場でもう一ランク昇進することよりやりがいや価値がある場合もあるんです」

歌手のペティ・キム氏も七〇歳の記念コンサートを控えたインタビューでこう語っていた。

「歌手としては最高の栄光に浴しましたが、個人的には不幸な瞬間も多々ありました。ペティ・キム（歌手）のためにキム・ヘジャ（ペティ・キムの本名）があまりにも犠牲になりすぎました。ヘジャに申し訳なく思ってます」

考えてみると、私が疲れ果てることなく仕事を続けてこられたのも、ほかのことをやってきたおかげだ。

記者の仕事に全力を注いでいないと非難されることもあったけれど、テレビ出演しながら各界の人たちにたくさん出会ったことが取材にも大いに役立った。講演をして本を書き、その収入が生活を潤し、友だちや後輩にもご馳走することができた。

テレビ出演や講演のためにさまざまな分野を勉強しながら、浅く広い知識を得ることもできたし、何より一つのことだけやっていたら退屈していたかもしれないけれど、退屈を感じることなく、いつも新しい刺激を受けていた。

最高の記者にはなれなかったけれど、「人間」ユ・インギョンとしてはいつも楽しく生きてきたと思えるので、散漫に生きてきたこれまでの人生についても恥じたり後悔したりしていない。

村上春樹は、世界的ベストセラー作家として大衆的な人気を博しながら、毎年ノーベル賞候補に挙がる。一九四九年生まれだから若くはないが、青年のようにマラソンをして、世界中のマラソン大会にも出場し、猫を飼い、ジャズの熱狂的なファンとして楽しむなど、多彩な活動をしている。マラソンやジャズの本も出したりしているのだ。

『ビジョナリー・カンパニー』(日経BP社)の著者で経営思想家のジム・コリンズのオフィスは、ヨセミテ国立公園の近くにある。

ロッククライミングが趣味の彼は、命がけで山に登りながら頭を空っぽにしてストレスを発散し、人生の知恵を学ぶのだという。彼のオフィスには好奇心いっぱいの

〈おさるのジョージ〉のぬいぐるみが置いてあり、人々に自分だけの「ハリネズミ（強み）」を探そうと説いている。

何ごとにも好奇心をもち、あちらこちら回って見ることで見識も広がり、楽しみを見つけることができる。また悪賢いキツネは多くのことを知っているが、ハリネズミは大事なことを一つだけ知っている。つまりキツネに攻撃されるときに体を丸めて小さなボールに変身する技だ。

キツネのほうがずっと狡猾だけれど、最後に勝つのはいつもハリネズミ。誰でも自分だけの個性で世界一になれるという話だ。

幸せに生きるには「バランス感覚」が重要だ。バランス感覚は仕事と家庭、愛と仕事などを均等にこなすことではない。

会社の業務は何時間、家事は何時間と等しく分けても、どちらも効率的に行うことも平穏に暮らすことにもならない。本当の意味でのバランス感覚とは、両極を行き来して、一番中央に立てる感覚と能力のことだ。

仕事にひたすら熱中することで初めて、休息の幸せ、家庭と家族のありがたさを知ることができる。また罪の意識を感じるくらい思い切り違うことにのめりこめば「ああ、そろそろちゃんと仕事しないと」と仕事に集中できるのだ。

娘が教えてくれた、フランスの大学院の英語教授の言葉がとても感動的だ。その女性教授は学生たちに「英文法の本は買わなくていい。図書館で借りなさい。代わりにそのお金で映画や演劇を観て美術展に行きなさい。それが勉強しながらアルバイトをする理由で、私たち大人が税金を払ってあなたたちを勉強させる（フランスは公立の場合、大学院も無料だ）理由なのだから」と言ったという。


職場では窒息しそうな瞬間があるが、ほかのことをすることで、それもやわらぐ。ときにはそんな魅力的な「ほかのこと」が、別の職業になることもある。

名刺をもてなくなっても、職場を追い出されても寂しくみじめにならないために、いや、それ以前に自分が人生の主人公になって豊かで幸せな人生を築くために、「業務」ではないほかの楽しみを見つけよう。

ときにはその取るに足らない遊びが、まったく違った人生をプレゼントしてくれるかもしれない。

「あとで」ではなくて「今」

いつものことだが、今日は自分がとても情けなく感じる。ミスをしたとか何かやらかしたからではない。「自分がとった行動」ではなくて、「とらなかった行動」に後悔しているのだ。

久しぶりにある友だちから連絡をもらった。しばらく連絡が途絶えていて気になっていた友人だが、ついに博士号を取って講義ももちはじめたと報告してきた。私も誰かの幸福を喜べるくらい心が広くなっているので、心からその友だちを祝った。

「そうなの、ほんとにすごいわ。五〇を過ぎて博士号を取るなんて！　元大統領、前夫というのはあっても、元博士なんて言葉はないでしょう？　博士号は永遠なのよ。ほんとにおめでとう！」

そうやって祝っていたら、一〇年前のことを思い出した。

当時、その友だちは、いまさらだけど大学院に進学するのだと言いながら、私にも一緒に行かないかと誘ってくれた。学力のインフレが深刻だから、修士号をもっていたところで以前の大卒程度にしか扱われないし、回し車を回すだけの毎日を過ごすのではなく、もう一度勉強して新鮮な刺激を受けたらどうかと言われたのだった。

当時、私には修士号を取りたいという欲があった。でも娘が高校生で、母が認知症で大変な時期だったから、大学院の授業に出るには週に一日二日は会社を早退しなければならず、そうすると社内の人たちの目も気になると、あきらめたのだった。

実際、四〇代半ばに修士号を取り、引き続き博士号を取ったところで、富貴栄華が待っているようにも思えず、大学教授になろうという野心もなかったので未練もなかった。

当時「この年で大学院の勉強を始めたら、博士号を取るのは五〇を過ぎるのに、その年で何ができるの」と聞く私に、友だちはこう言った。

「あのね、あなたが大学院に通わなくても、五〇歳という年齢はやってくるのよ。私たちが何かをしようとしまいと時間は流れていくんだから、どうせならその時間に勉強もして、学位も取って自分を成長させながら過ごすほうがいいじゃない。もちろん記者として、学位を取るよりたくさんのことができるかもしれないけど、人生なんてわからないでしょう？」

その友だちは一人で大学院に進学し、こつこつと勉強を続けて博士になった。そしてそれまでの仕事を辞めて、大学と大学院で講義を受け持っている。まだ正教授ではないけれど、可能性がまったくないわけではない。何より学生たちを教え、新しい学問を研究するのがとても楽しく、幸せだという。

友だちがしっかり勉強して修士、博士と学位を取るまでのあいだ、私は地球温暖化や北朝鮮との統一問題などを研究したり、使えそうな資格を取ったりしていたというわけでもない。その間ただ、おいしいものを食べ、友だちに会っておしゃべりし、ドラマやバラエティ番組に夢中になって時間を過ごした。もちろん、その友だちが知らない芸能情報、グルメ情報にはすっかり通じているけれど……。

チャンスがやってきたとき、あるいは何かをしようと思い立ったときは「すぐに行動に移すこと」が重要だ。

旅行やショッピングでもそうだ。せっかくの海外旅行も、見て回りたいところがあっても、少し疲れるとまたいつか来られるだろうと宿に戻って休むことがある。でも一度訪れた国を再訪するのはなかなか難しく、また行ったとしても、そのときのその風景は二度と戻ってこない。

ショッピングでも、気に入った商品があって、でももしかしたらもう少しいいものや、もうちょっと安いものがあるかもしれないと買わずにいると、その商品にもう出会えなくなって後悔したことが何度もある。今回のパリ旅行でも、手に取るだけで買わなかったコートが目の前にちらつく。

友だちや知り合いのことをふと思い出したら、まず電話でもしてみよう。メールを送らなきゃと思いつつほかのことに気を取られているうちに、その人が海外に行ってしまったり、亡くなったと聞いたりするときの悔しさといったらない……。

だから何かしようと思ったら、すぐに行動に移そう。友だちに最近どうしているかとメールを送ることでも、散歩でも、英語の勉強でも、運転免許を取ることでも、とりあえず「やろう」と思ったら、すぐに体に指示して行動することだ。

時間は、誰にでも公平に流れる。その時間をぼんやりと過ごしたり、いろいろと悩んだり考えたりすることで埋めてしまうと、後悔することになる。

何をしてもどんな行動をとっても等しく流れていく時間なら、好きなこと、人生に本当に役立つことをするといい。

私も、人生の後半戦の「やることリスト」をつくってみようと思っている。料理、バレエ、心理学、東洋哲学などのうちで、本当にやりたいことを選べば、還暦前にはプロになっているんじゃないだろうか。

バレエを習って、たとえ「白鳥の湖」のような舞台のプリマドンナにはなれなくても、優雅ですらりとした体には変身できるんじゃないだろうか。娘の馬鹿にしたような笑い声がすでに聞こえてきているが……。

訳者あとがき

本書は、長年組織の中で働きつづけてきた著者が、自分の娘と同世代の若い女性たち、社会人になりたての女性たちに向けて、自身の経験をもとに「働く」ことについて語ったエッセイである。仕事での成功についてだけではなく、所属している組織の中でどうすれば幸せに気持ちよく働けるかということについて、たくさんのヒントを与えてくれる。社会人になったばかりでよくわからないことや、上司にも同僚にも訊きにくい職場での態度や振る舞いについてもアドバイスしているからだ。

韓国では二〇一四年に発売されると一〇万部以上を売り上げ、若い女性や母親世代の読者から支持を集めた。刊行から五年以上経った今でもロングセラーを続け、そのアドバイスは現在でもそのまま役に立つと、多くの女性読者を獲得している。

著者、ユ・インギョンは、韓国ではテレビでおなじみの有名人である。一九八二年から三年間の専業主婦期間を除く三二年間、記者として新聞社に勤めながら、テレビ番組に出演し、各地で講演を行い、数多くの本を出すなど、幅広く活動してきた。二〇一六年に京郷新聞社を定年退職した後も、執筆活動やテレビ出演などを多数こなし、六〇代の今もバイタリティーにあふれる女性というイメージはそのままだ。講演や講義も数多く行っているが、愉快な語り口と抜群の説得力で、こちらも女性たちに大人気。若い女性たちからさまざまな相談を受けてきたようで、その経験が本書でも生きている。

著者はまた、本書を執筆後、『会社帰り、もう一度態度を考える』(二〇一七)、『喜びコレクション』(二〇一九)(ともに未邦訳)というエッセイを出している。仕事では実力よりも態度のほうが大事だということや、小さな喜びを見つけることの大切さを語っていて、どちらも女性読者から好評だ。

これらの本や講演でよく出てくるのが「Sorry, Simple, Surprise, Sweet, Smile」の「五つのS」という話だ。謝ることを恐れず、考えすぎず、感嘆し、思いやりある言葉をかけ、日常の中に喜びを見いだそうという生きるための指針である。本書には、この五つのSの単語こそ出てこないものの、やはりこのすべての要素が含まれている。

人生を変えるには、態度が大切だ——。何よりユ・インギョン自身がそういう生き方を体現している。他の人の人間性を重視する人だからこそ、彼女の人間性に誰もがひかれるのだろう。最近、著者の夫君《おっとぎみ》と自宅がテレビのバラエティ番組で披露され、話題になった。冗談交じりで、妻は稼ぐ人、夫は使う人ですね、などと言われていたが、そんな言葉にもユ・インギョンはどんと構え、夫婦二人のおおらかな暮らしぶりが伝わってきた。その飾らないあたたかな人柄に触れると、娘に頼られ、夫に頼られ、職場の後輩に頼られているのもわかる気がする。本書を通して、多くの読者も、働く女性の先輩として頼りたくなるのではないだろうか。

先進国の中でも、日本と韓国は女性の社会進出が遅れていて、結婚、出産によるキャリアの中断や、女性管理職の少なさなど、日韓の働く女性たちは似たような状況に置かれている。世界経済フォーラム（WEF）が毎年発表する、各国の男女格差を測る「ジェンダー・ギャップ指数」二〇一九年版では、一五三か国中、韓国は一〇八位で、日本は一二一位と過去最低を更新している（前年は一四九か国中、韓国一一五位、日本一一〇位）。

なかなか改善されない男性優位の組織の中で、女性はどう振る舞えばいいのか。組織の中で長く働いてきた著者の具体的なアドバイスは、日本の女性たちにとっても共感する部分があるにちがいない。以前とは、職場の形態、人間関係や仕事のしかたもずいぶん変わってきている昨今だが、著者が唱えるような仕事の基本や人と人との関係は、そうそう変わることはないのではないだろうか。

本書は、働きはじめたばかりの若い女性たちにとっては役に立つアドバイスが満載で、一方、部下をもつ女性にとっては新たな気づきがあるだろう。本書によって、仕事に対する態度や人間関係を見つめ直し、少しでも楽しく、ストレスなく働ける女性が増えたらと願う。仕事で悩んだり迷ったりしたとき、この本を開いて、働く女性の大先輩の貴重なアドバイスに耳を傾けてみてほしい。

二〇二〇年八月　吉原育子

著者 ユ・インギョン 유인경

物を書き、話す人。元・京郷新聞副局長兼専任記者。

1959年、韓国ソウル生まれ。成均館大学新聞放送学科を卒業した1982年から記者として働きはじめる。結婚して3年間専業主婦だったが、結婚生活はロマンチックな映画ではなく凄絶なドキュメンタリーだと確認し、1990年、京郷新聞に入社、30年以上勤務した。2015年、主要日刊紙の女性取材記者としては定年退職した初の記者となる。

京郷新聞が発行する時事週刊誌と女性誌の編集長を務め、KBS『朝の広場』『明見万里』、MBN『気分すっきりショー・トンチミ』などテレビ番組出演や各地での講演活動を行い、そこで出会った各界の人々が最大の財産。高校生から80歳のお年寄りまで、さまざまな人々と交流し、誰とでもおしゃべりできることが特技。

新入社員や大学生のメンターを招いて対話する「アルファレディーリーダーシップフォーラム」を企画・運営し、ほかにも「青春悩み相談所」「世の中を変える時間、15分」「姉御ユ・インギョンの社会人119（ポッドキャスト）」などで20代の女性たちと交流し、彼女たちの憧れの女性、メンターの代表格になった。

著書に『喜びコレクション』『明日も愛する娘へ』『会社帰り、もう一度態度を考える』『これからは本当に自分だけのために』『韓国の男たちが求めること』（すべて未邦訳）などがある。

訳者 吉原育子 よしはら・いくこ

新潟市生まれ。埼玉大学教育学部音楽科卒業。韓国ソウルの成均館大学などで韓国語を学ぶ。韓国文学翻訳院短期集中課程修了。主な訳書に、パク・ミンギュ著『亡き王女のためのパヴァーヌ』（クオン）、ムン・ヒョンジン著『サムスン式　仕事の流儀』、キム・ジョンウン著『私は妻との結婚を後悔している』（ともにサンマーク出版）などがある。

装　丁　佐藤亜沙美
装　画　牛久保雅美
組　版　朝日メディアインターナショナル株式会社
翻訳協力　株式会社リベル
校　閲　株式会社鷗来堂
編　集　桑島暁子（サンマーク出版）
黒川可奈子（サンマーク出版）

明日も出勤する娘へ

2020年9月10日　初版印刷
2020年9月20日　初版発行

著　者　ユ・インギョン
訳　者　吉原育子
発行人　植木宣隆
発行所　株式会社サンマーク出版
東京都新宿区高田馬場 2-16-11
電話 03-5272-3166
印刷・製本　株式会社暁印刷

ISBN978-4-7631-3812-5 C0098
https://www.sunmark.co.jp